社会人になる前に知っておきたい

ビジネスパーソンの常識とマナー

COMMON SENSE & MANNER

白川 美知子

学文社

はじめに

　本書は，ビジネスの基礎，TBL（Team Based Learning）：チーム基盤型学習，ビジネス実務で構成されています。

　ビジネスパーソンとして，仕事に対するとらえ方やビジネス実務に関する知識とその活用を学習します。ビジネスを学習する学生や新社会人を対象にしています。

　厚生労働省調べによると，大卒新入社員の内31％が入社3年以内に離職し，仕事上のストレスがその辞める理由に挙げられています。

　会社組織では，年齢層に幅があり縦社会の階層で仕事を遂行するため，職場の人間関係が大切になります。仕事内容はもとより，社会人としての常識やビジネスの基本ルールを身につけなければ，ビジネスパーソンとして仕事をすることはむずかしくなります。社会人の常識やビジネス実務は簡単なことではありませんが，知識を覚えるだけではなく，身につけることで仕事や人間関係も緩和され，自信をもって前向きにビジネスに取り組むことができます。

　本書の特徴は，第一にTBL（Team Based Learning）：チーム基盤型学習をとり入れています。各章の事前学習として，章にそったテーマを元に，クラブ活動で経験したこと，バイト先や社会人へのヒアリング，家族や友人から話を聴くなど，社会人として経験のない学生においても，ビジネスパーソンとしての考え方について，事前学習のレポートを元にチーム討議を進めていきます。章の最後には，事後学習レポート作成します。これは，学生自らの思考を促し，内省を深めていくことを狙いとしています。

第二は，各章のビジネスパーソンとは，ビジネスの基本，ビジネスマナーなどを修得することで，就職の際の面接試験に役立ち，社会人として即戦略になるように構成しています。
　第三は，各章必要に応じてビジュアルな図解を豊富にとり入れており，瞬時に理解できるようにしています。
　2016年1月

白川　美知子

目 次

はじめに　　1

第1章　ビジネスパーソン ——— 5
1. ビジネスパーソン ——— 5
2. 経営組織 ——— 9
3. 人間の行動規範 ——— 13

第2章　仕事の基本 ——— 19
1. ビジネスパーソンの基本 ——— 19
2. 職場の人間関係 ——— 22
3. 指示，報告・連絡・相談（ホウレンソウ）——— 29
4. スケジュール管理 ——— 34
5. 会議やミーティング ——— 39

第3章　ビジネス文書 ——— 49
1. ビジネス文書の基本 ——— 50
2. ビジネス文書 ——— 52
3. Eメールの作成 ——— 59
4. 封筒とはがきの書き方 ——— 65
5. 図表の知識 ——— 68

第4章 ビジネスコミュニケーション ── 73
1. コミュニケーション ────────── 73
2. 敬語の使い方 ──────────── 79
3. 聴き方・話し方 ─────────── 83
4. クレーム対応 ──────────── 86
5. ビジネスにおけるプレゼンテーション ── 90

第5章 ビジネスマナー ──────────── 99
1. ビジネスマナーの基本 ───────── 99
2. 受付応対 ──────────────105
3. 案　　内 ──────────────110
4. 訪問の際のマナー ──────────115
5. 社会人としての電話応対 ────────123

TBL（Team Based Learning）：
チーム基盤型学習 ────────────137

資　　料 ────────────────143

おわりに　157
索　引　159

第1章 ビジネスパーソン

1．ビジネスパーソン
(1) ビジネスパーソンとは

　ビジネスパーソンとは，何でしょうか。従来，ビジネスマンやビジネスウーマンは性差の区分として使われていましたが，男性，女性の性差に関係なく，社会人として働く人のことをビジネスパーソンといいます。ただ単に，上司から言われた事だけをこなす仕事ぶりと，常に問題意識をもち取り組んでいく仕事ぶりとでは，ビジネスパーソンとして長年の間に大きな差がついてしまいます。

　本章では，ビジネスパーソンとして自身が成長し，かつ会社の期待に応えていくには，どのような能力を備えていかなければならないか，政府が提唱している「人材の成長戦略」とは何か，会社の経営組織はどのようになっているのか，さらに，マズローの欲求5段階説とは何かを考察していきます。

(2) ビジネスパーソンとしての能力

　会社の期待に応えるために，以下の能力を修得してください。

1)「業務遂行能力」

　仕事を行う上で必要とされる能力のことです。担当業務により必要とされる知識や能力は異なってきます。営業であれば，売り上げの数字で結果が出るのでわかりやすいのですが，部署ごと，個人ごとに定められた目標に対して，効率よく仕事を進め成果を出していく能力です。

2)「対人能力」

対人能力とは,「人を理解し動かす能力,つまり,人間関係において懸命にふるまう能力」,「他人とうまくやっていく知能。俗にいう如才のなさ」,「人間関係にかかわるさまざまな情報を処理し,問題を解決する能力」とされています。日本経済団体連合会が,毎年発表している「企業が学生に求める力」の第1位は「コミュニケーション能力」です。うまくコミュニケーションを図ることで,双方が理解を深めることにつながり,ビジネスを円滑に進めることができます。

3)「状況対応能力」

ビジネスで,さまざまな問題に直面したときに,その時の状況を素早く察知し,迅速かつ正確で最適な対応をすることが求められます。これは,誰にも初めからそのような能力が備わっているわけではなく,数多くの経験を積むことにより状況対応能力が備わってくるのです。

新人のうちは,先輩や上司が問題に直面したときに,どのように対応しているかをよく観察することです。

(3) 人材の成長戦略
1)女性が輝く日本

安倍内閣は,経済再生に向けて3本の矢を展開しています。第1の矢は「大胆な金融政策」,第2の矢は「機動的な財政政策」,第3の矢は「民間投資を喚起する成長戦略」です。第3の矢は規制緩和などによって,民間企業や個人が真の実力を発揮できる社会を目指すとあり,この成長戦略の人材活用強化で,「女性が輝く日本」を提唱しています。女性への支援として以下のことを挙げています。

① 2020年の25歳〜44歳の女性就業率を73％にする。
②「3年間抱っこし放題」で育児休業期間を子供が3歳になるまで延長。その後の職場復帰を支援する。
③ 2020年の第1子出産前後の女性の継続就業率を55％にする。
④ 2020年の男性の育児休業取得率を13％にする。
⑤ 指導的地位に占める女性の割合を2020年までに30％程度にする。
⑥ 2017年度までに約40万人分の保育の受け皿を整備し待機児童解消を目指す。

以上が「女性が輝く日本」で取り上げられ、さらに、ワーク・ライフ・バランス*関連の施策で、育児休業、介護休業、時短勤務、フレックス・タイム制*、残業時間の削減、有給休暇の消化、テレワーク*（在宅勤務を含む）などが考えられてきました。しかし、将来の女性の能力発揮に結びつかないまま、勤続年数を積み重ねる女性が増えてしまう問題も指摘されています。

*ワーク・ライフ・バランス（Work-life balance）：仕事と生活を共存させながら、もっている能力をフルに発揮し、それぞれが望む人生を生きることを目指します。
*フレックス・タイム制（flextime system）：労働者自身が一定の定められた時間帯のなかで、始業及び終業の時刻を決定することができる労働時間制のことです。
*テレワーク（Telework）：情報通信機器を利用して、自宅や会社以外の場所で事業所から任された仕事を行う勤務形態。育児や介護など、個々人の事情に応じながらワーク・ライフ・バランスを実現する働き方として期待されています。

2) 人材のダイバーシティ

ダイバーシティは、『人事労務用語辞典第7版』（日本経団連出版 2011）によると、「市場の要求の多様化に応じ、企業側も人種、性

別,年齢,信仰などにこだわらずに多様な人材を生かし,最大限の能力を発揮させる考え方[1)]」とされています。成長戦略の人材活性化で民族,国籍,バイセクシャル,雇用形態の多様化で,正規社員,非正規社員にとどまらず障害者雇用,高齢者雇用の推進など,働き方のダイバーシティが叫ばれています。ダイバーシティのマネジメントの有効性として,以下のことが挙げられます。

「① 優秀な人材を獲得(多種多様で優秀な人材が集まる)
② 優秀な人材を保持(正当に評価され,能力を発揮)
③ 創造性の発揮(イノベーションを起こし問題解決)
④ 財務上の優位性(投資家から見て高い評価)
⑤ 他企業や消費者からの高評価」

3) ポジティブ・アクション

厚生労働省から「意欲と能力のある女性が活躍できる職場づくり」,いわゆるポジティブ・アクションの提言がされました。「ポジティブ・アクション」とは何か,企業がなぜ取り組まなければならないのかを挙げてみました。

ポジティブ・アクションとは,企業が行う積極的な取り組みで,男女労働者に生じている格差がある時,それを解消しようとするものです。これは,女性だからと優遇されるのではなく,女性だからという理由で能力を発揮しにくい環境におかれている場合に,この状況を是正する取り組みです。

「女性活躍の元年」ともいわれています。女子学生にとって,追い風が吹いています。あなたは,将来を考えて専攻していますか。あなたが将来やりたいと思う仕事,その仕事に資格が必要であればその資格を取得するなど,将来のことを考えてスキルを積み上げていってもらいたいと考えます。

2. 経営組織

(1) 経営組織

会社の経営組織は，指示命令系統を徹底するため，ピラミッド型組織を構築し，責任，権限の明確化を図っています。ピラミッド型組織は，経営者を頂点として，その下に管理者層，監督者層，実務層へと続きます。最近は，階層を減らしたフラットな組織も増えており，このような組織では，組織の簡素化と権限委譲が進行し，意思決定のスピード化やさまざまな変化にも対応できる柔軟性を保つことができます。

図表1-1　ピラミッド型組織

出所) 増田卓司ほか [2003：] より一部改変

① 組織のトップで代表権をもつ，社長の下に副社長がいる
　　会社の基本方針を決定する。総括的な経営責任者
② 役付取締役で通常，社長を補佐し会社の管理業務を担当
③ 役付取締役で通常，社長を補佐し会社の日常業務を担当

④ 部の業務を統括し，部下を監督する責任者。下に次長がいる
⑤ 課の業務を統括し，部下を監督・指導する責任者
⑥ 係の責任者。係長の下に主任
⑦ 正規社員のことを指す場合が多い

(2) 会社組織図

① 直系組織

業務全体に能力ある上司が部下を指揮し監理する形態です。ピラミッド型の組織で命令系統，責任権限が明確です。

図表1-2　会社組織の一例

```
                    株主総会
                       |
                    取締役会 ─── 監査会
                       |
                    取締役社長 ─── 常務会
                       |
        ┌──────────────┼──────────────┐
     常務取締役    専務取締役    常務取締役
        |
  ┌─────┬─────┬─────┬─────┬─────┐
広報企画IR部 営業販売部 製造部 業務部 経理-財務部 人事-総務部
```

＊IR（Investor Relations）：投資家に向けて経営状況，財務状況，業績動向，株式・格付け情報などを発信する活動
出所）増田卓司ほか［2003：46］より一部改変

② 事業部制組織

自己完結な複数の組織単位により構成された組織で，分権化により意思決定が迅速で柔軟な対応が可能なため，成果に結びつきやすい組織です。

図表1-3 製品別事業部制

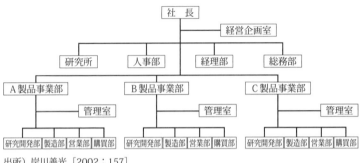

出所）岸川善光［2002：157］

③ マトリックス組織

専門の職能部門と特定の事業を遂行する部門の両方に同時に所属する組織で，テーマに応じて柔軟に組み替えます。

図表1-4 マトリックス組織

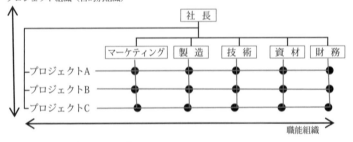

出所）岸川善光［2002：161］

④ プロジェクトチーム

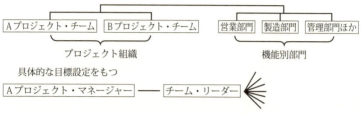

図表1-5　プロジェクトチーム

出所）日本経営教育学会経営教育ハンドブック編集委員会編［1990：693］,
二神恭一編［1997：475］より筆者作成

　課題が生じたときに，複数の部門から人材を集め，チームを編成する戦略的組織で，完了すれば解散します。

(3) チームワーク力

　前述した図表で，主な会社組織図を挙げましたが，仕事は部署やチームで動いています。チームは，「何らかのことを行うために集まった人々の集まりだと一般的に考えられる。チームとは次のような二人以上の人間の集まりと定義することができる。① 相互に意識し合い，相互作用する。② 自分たちは一つの単位と認識している。③ 何らかの活動の成果について共同で責任をもつ。④ その活動が相互に依存している。⑤ その相互依存は仕事の流れ，あるいは仕事の成果物を中心になされる。[3]」といわれています。チームの成立条件としては，① 達成すべき目標が明確で共有できる。② メンバー間の相互依存関係。③ メンバーの果たすべき役割の割り振り。④ チームとメンバー，それ以外の人たちの境界が明確などです。

　では，Teamwork チームワークとは，「共同作業，集団作業[4]」

と訳され「一般的には小集団による協働行動をさすが,最近では特に,生産現場において,1つのタスクを達成するのに複数の作業者が全員でその作業に責任をもち遂行する作業方式を指して用いられる。[5]」といわれています。わが国の企業の多くは,チームワークを基盤として仕事が遂行されています。しかし,成果主義の導入によりチーム間の競争が起こるなど弊害が出てきたために,チームワークの重要性が見直されてきました。

チームが目標を達成するためには,「第一は,同じ方向を目指し,目標意識や価値観を共有すること。第二は,対話能力,個別の専門知識では歯が立たないような時には,対話の能力が欠かせない。経営トップに倣うのが社員の常と心得る必要がある。そして第三は,常に自らを変えていく能力だ。経営チームは変化に対応して能力を高めていかなければならない。[6]」といわれています。

3．人間の行動規範
(1) マズローの欲求5段階説（欲求階層モデル）

米国の心理学者マズロー（A. H. Maslow）は「人間の行動はその時の最も強い欲求によって決まる」という前提から,人間の欲求の段階ないし発生順序として,欲求5段階説（欲求階層モデル）を提唱しました。マズローによれば,すべての人には,成長を続けたいという生来の欲求があり,究極には自身の潜在的な能力を最大限発揮したい,という欲求を絶えずもっているとされます。ただし,これはすべての人にできることではなく,高い次元の人間的欲求は低次の欲求が充足されて,順次,段階的に高次へと階層をなしているとされます。このモデルはどのような社会にも,どのような文化にも当てはまり,人間の行動規範とされています。

図表1-6 マズローの欲求5段階説（欲求階層モデル）

成長	⑤自己実現の欲求	潜在能力の最大限の発揮
関係	④自尊の欲求	自尊心，他よりも優れたい
	③社会的欲求	集団の仲間になりたい
生存	②安全の欲求	衣や住の安全，暮らしの安全など
	①生理的欲求	性欲，睡眠欲など

出所）福井要［2002：92］

(2) マズロー欲求の概要

1) 生理的欲求

　生理的欲求は，呼吸，食事，飲水，セックス，睡眠，排泄など，人間の基本的な本能に従うもっとも基礎的なものです。

　人はなぜ働くのかという問いに対するもっとも基礎的な答えが，この生理的欲求です。「今日は三食食べることができるかどうか」「今日は，炊くことができる米は残っているだろうか」「今晩夜露をしのげ，眠る所があるだろうか」など，生きていくために自己の生命を維持していかなければなりません。人間が生きていくために最低限必要な衣食住という生理的欲求を満たすために働くのです。

　飢えが克服されない限り，人は食べるために働くことが第一義的となり，食べるためには，金銭が必要になってきます。金銭を得るために，働き報酬を得て商品を購入し生活をしていくのです。食べるために働き，一応生活ができるようになると，人間は次の欲求を

求めるようになります。それが，安全への欲求です。

2）安全の欲求

　安全の欲求は，身体，健康，家族，雇用，財産における自己保全のための欲求です。食べるものがあり，眠る場所もあるそれらを継続させたいという，生理的欲求が満たされると，第2の安全への欲求が働いてきます。この欲求は身体的危険に対する恐怖や基礎的な生理的欲求の欠如から免れようとするもので，テロ，戦争，事故，天災，病気など，身体的・精神的に加えられる危険から逃れ，安全を保とうとする欲求も安全の欲求です。

　安全の欲求は，暴力や犯罪などの危険から守られて，経済的に安定した生活ができ，衣食住に満たされた暮らしで安全で安定した生活への欲求です。

　雇用問題においては，成果主義による非正規社員の増加に伴い，正規社員になるために契約社員からステップアップするために努力するなどは「安全の欲求」の表れです。また，日本的経営の柱であった終身雇用は，過去のものになりましたが，安心して働けるシステムで「安全の欲求」を満たしていました。

　欧米と比較して我が国においては，テロや戦争などとは直接の関わりは薄く，「安全の欲求」は現在のところある程度は満たされています。一方で，現在，中東やアフリカでは紛争や貧困に苦しみ欧州へ向けて，難民の流入が百万人規模で膨らんでいます。それに伴い，船の難破や疾病などによる死者が数千人に達しています。さらに，欧州各国内で難民受け入れ反対者による暴力行為が発生するなど悲惨な状況が続いています。このように，世界にはこの欲求を満たすことができない人が大勢いることを認識しなければなりません。

3) 社会的欲求

　社会的欲求は，友人，家族，会社，国家，性的親密性などの集団の仲間になりたいという欲求です。生理的欲求，安全の欲求が満たされると次は，社会的欲求を求めるようになります。あくまでも生存を脅かされない基本的欲求が満たされる状態で，自分自身の生活が確立されれば，次は友人や職場など周りに目が行き，何かの集団や部活に属し仲間になりたい，みんなから受け入れられ，仲間に入りたい，良い人間関係を築きたいなど，集団に所属することを求めるようになります。

　学校，職場の仲間からの無視や拒絶など，孤立したりすることは大変辛いものがあります。この欲求が満たされないと孤独感で病気を引き起こす要因にもなります。

　「社会的欲求」は別名「親和の欲求」ともいい，家族，友人から愛されたい，恋人が欲しいといった，誰かから愛されたい，認めてもらいたい，自分が社会から必要とされているという感覚を求める欲求です。

4) 自尊の欲求

　自尊の欲求は，自信，確信，達成感，他者への尊敬，他者から尊敬してもらいたいなどの欲求で，尊厳の欲求ともいいます。生理的欲求，安全の欲求，社会的欲求が満たされると，単に集団の一員でいるだけでは満足できなくなります。そこで尊敬を求める欲求を感じるようになります。自尊心，自己意識が高まり，他人から認めてもらいたい，尊敬され評価してもらえるような人間になりたいという社会的欲求が生じるのです。つまり，地位，名声，威信，注目，尊重されることへの欲求につながり，昇格し部下をもったり，資格を取得したりとステップアップしていくわけです。自分が集団から

価値ある存在と認められ，尊重されることを求める欲求です。

5) 自己実現の欲求

　自己実現の欲求は，創造性，自発性，道徳，問題解決，非偏見，などの自己実現の欲求です。尊敬されたいという欲求が充足されると自己実現の欲求が顕在化し始めます。自己実現とは自分の潜在能力を極大化しようとする欲求です。マズローは「人間は精一杯の自分でなければならない」といっています。自分の可能性や潜在能力を発揮していこうとする，成長過程そのものだということです。

　人間には，自分にしかできない固有の生き方をしたい，自分の可能性を最大限に実現したいという欲求があり，自分の思い描く夢を実現したいというこの欲求が自己実現の欲求なのです。

　以上，マズローの欲求5段階を述べてきましたが，あなたにとって自己実現とは何ですか。自分が掲げた目標に近づいていますか。マズローの欲求5段階説を単なる知識で終わらせるのではなく，あなたの学校生活や職場に当てはめてみませんか。今何をやらなければいけないのか，卒業までに何をしなければいけないのか，入社して1年目で何をマスターしようとしているのか，明確に打ち出してみてはいかがでしょうか。そうすることで，将来が見えてきます。

注

1) 日本経団連［2011］『人事労務用語辞典第7版』日本経団連出版，253頁
「『多様化』と訳され，人事用語としては1990年初めころからアメリカにおいて使われ始め最近では経営戦略として考えられるようになってきた。多様化する市場に合わせて企業も，性別，人種，国籍，宗教などによる差別をせず，能力による多様な人材に登用を行い，競争を高めることを目的としている」

2) 牛尾奈緒美・志村幸太郎［2014］『女性リーダーを組織で育てるしくみ』中央経済社，65-66頁
3) ナドラー，D.Aほか著，斎藤彰悟ほか訳［1999］『エグゼクティブ・チーム』春秋社，6頁
4) 簗田長世編著［1998］『ビジネス英和辞典』研究社，474-475頁
5) 奥林康司［1994］『基本経営学用語辞典』同文舘，183頁
6) 平野正雄編著，村井章子訳［2003］『マッキンゼー 組織の進化』ダイヤモンド社，168頁

引用・参考文献
・ダフト，L.A著，高木晴夫訳［2002］『組織の経営学』ダイヤモンド社
・マイケルセン，L.K著，瀬尾宏美監修訳［2009］『TBL Team-Based Learning』シナジー
・マクレガー，H.著，小野田幸子訳［2013］『マニーペニー先生の仕事に生きる女性の教科書』クロスメディア・パブリッシング
・岸川善光［2015］『経営組織』同文舘
・大橋健治・天野緑郎［2015］「内省をうながす授業〜アクティブ・ラーニング再考〜」『筑紫女学園大学・筑紫女学園短期大学紀要』（第10号）
・大橋昭一・竹林浩志［2003］『現代のチーム制』同文舘
・牛尾奈緒美・志村幸太郎［2014］『女性リーダーを組織で育てるしくみ』中央経済社
・大久保幸夫・石原直子［2014］『女性が活躍する会社』日本経済新聞出版社
・厚生労働省編［2015］『厚生労働白書』厚生労働省
・日本婦人団体連合会編［2015］『女性白書2015年』ほるぷ出版
・福井要［2002］『要説人間関係論』樹村房
・古川久敬［2004］『チームマネジメント』日本経済新聞社
・黒田兼一［2001］『現代の人事労務管理』八千代出版
・岸川善光［2002］『経営学演習』同文舘
・増田卓司ほか［2003］『ビジネス実務の基礎』学文社
・日本経営教育学会経営教育ハンドブック編集委員会［1990］同文舘
・二神恭一編［1997］『ビジネス・経営学辞典』中央経済社

第2章 仕事の基本

　入社後ビジネスパーソンとして，地に足の着いた仕事を遂行するためには，どのような心構えをもち，どのような技量が必要なのでしょうか。

　ビジネスパーソンとして，どのように仕事に取り組んでいけばよいのか。仕事の基本は何なのか。本章では，心構え，職場での人間関係，仕事の進め方，仕事の指示，報告の仕方，ホウレンソウ，スケジュール管理，アポイントメントの取り方，出張業務，会議やミーティングについて取り上げています。また，仕事をしていく上で，おさえておかなければならない基本を取り上げました。

　企業の労働環境が整っていなければ，ビジネスパーソンとして仕事を遂行していくなかで，諸問題が発生してきます。職場における「性的嫌がらせ」であるセクシュアル・ハラスメント，「権力を不当に利用した嫌がらせ」であるパワー・ハラスメントなど，職場で問題が発生したときに，どのように対応していけばよいか，さらに麻薬，覚せい剤と並んで危ない危険ドラッグについても考察していきます。

1．ビジネスパーソンの基本

　学生生活を終え，社会人としてスタートラインに立ちました。
　学生時代に許されていたことがビジネスパーソンとしては，通用しないものがたくさんあります。社会人としての常識を身に付けましょう。

(1) 仕事の基本

1) 社会人としての心構え

① 規律を守る
  - 職場のルールやマナーを身に付けます。

② 目的意識をもつ
  - ただ単に仕事をするのではなく，この仕事の目的は何かを意識しながら遂行することで，仕事の幅が広がります。
  - 会社の方針や部署の目標を把握し，チーム意識をもちます。

③ 自己管理をする
  - 健康管理も仕事のうち，責任をもって自己管理をします。
  - 常に平常心で，激昂することなく自己をコントロールします。
  - 酒席では，翌日の仕事のことを考えコントロールします。

④ 原価意識をもつ
  - 時間，消耗品など，すべてにコストがかかっています。

⑤ 人間関係を大切に
  - 仕事は個人でするのではなく，チームで仕事をします。社内外を問わず，人間関係を大切にします。

2) 就業規則を遵守する

① 会社の就業規則をしっかり頭の中に叩き込みます。

② 遅刻・早退・欠勤の時
  - 自分で直接連絡をします。理由は具体的に上司に話し，急ぎの仕事がある場合は上司に対応を相談し，指示を仰ぎます。
  - 日頃から，机の周りなど整理整頓を心がけ，緊急時に人から見られてもよい状態にしておきます。

3) 職場のマナー

① 挨拶は率先して，気持ちの良い挨拶を心がけます。

② 必要以上の大きな声や私語は慎みます。
③ 時間は厳守して，約束を守り信用を失わないようにします。
④ 離席・外出するときは，行先，戻る時間を伝え，探す手間を取らせないようにします。
⑤ 退社時は，挨拶をして帰りますが，周囲が忙しそうな場合は，手伝いが必要か確認する心遣いが大切です。

(2) マネジメントサイクル（PDCA サイクル）

ビジネスの現場では，事務改善への問題意識が出てきます。事務改善のチェックポイントを以下に挙げてみます。

図表2-1 PDCA サイクル

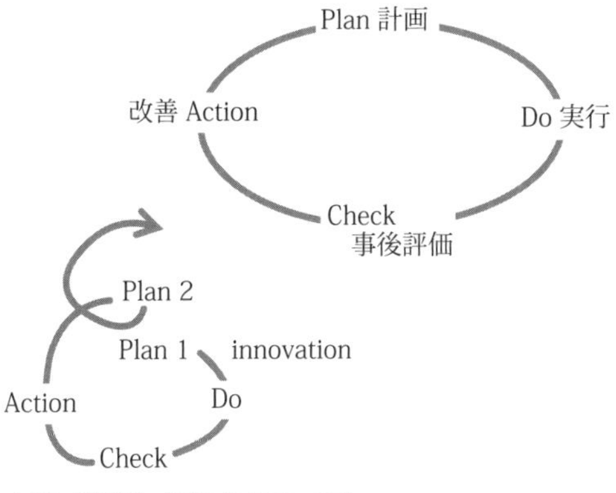

```
              Plan 計画
    改善 Action        Do 実行
              Check
              事後評価
        Plan 2
        Plan 1  innovation
   Action      Do
        Check
```

出所）藤芳誠一編著［1985：90］

マネジメントサイクル（PDCA サイクル）は，効率的な仕事の進め方の管理法です。どのような仕事でも効果的に仕上げるためには，仕事の目的を把握して計画を立てていきます。計画に従って仕事を遂行していきますが，計画通りに進行しているかどうかをチェック

しながら軌道修正していきます。評価したのちに問題点を改善していきます。

2．職場の人間関係

　職場のなかには，上司との関係，先輩や同僚との関係，他部署との関係や取引先など，さまざまな人間関係があります。学生時代は嫌いな相手とは付き合わなくて済みますが，ビジネスパーソンとして，仕事をしていく上で嫌いな相手とも付き合っていかなければなりません。どのような人間関係があるのか考察しましょう。

　企業はチームで仕事をしています。チーム力とコミュニケーション重視の考え方は入社したての頃は叩き込まれることでしょう。

　苦手な相手だからといって嫌な態度を表したり，意識的に避けることは仕事上でも支障が出てきます。笑顔であいさつをし，相手の話を謙虚に聞くようにすれば苦手意識も消えるかもしれません。

　先輩社員からのお小言はアドバイスだと思って素直に受けましょう。「ご指導ありがとうございました」と言えば円満に収まります。ビジネス社会では人間関係を大切にしましょう。

(1) ストロークの重要性

　さて，ストロークについて勉強しましょう。ストロークは，心理学理論のひとつである交流分析（Transactional Analysis, TA）で用いられている言葉で，「自他の存在を認めるための行動や働きかけ」と定義されています。TAでのストロークにはタッチ・ストローク（肉体的ストローク→なでる，握手など）と心理的ストローク（言葉によるストローク→うなずく，アイコンタクトなど），があります。

図表2-2　ストロークの重要性

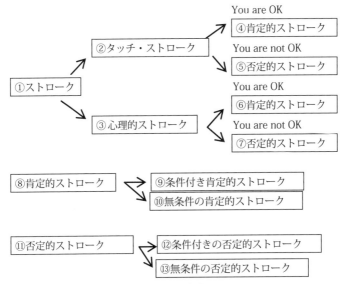

出所）ハリス，T. A.［1971：40-54］より作成

① 相手に与える有形無形の刺激すべてをいう。
② 肉体的ストローク。頭をなでる，子どもを抱きしめる，握手する，さするなど。
③ 精神的ストローク。深くうなずく，微笑みかけるなど。
④ なでる，ほめる，握手，微笑むなど。
⑤ たたく，怒る，叱る，つつく，突き飛ばす，つねるなど。
⑥「ありがとう」「素敵」「頑張ってね」「しっかり」など。
⑦「勉強しろ」「いい加減にしろ」「おい」など。
⑧「You are OK」相手に愉快な感情を与え，相手を認める。
　相手には「I am OK」という意識が出てくる。

⑨ 相手の行為や特性に対して OK を与える。
　例：試験は難しかったけど良い成績だった。
⑩ 相手の存在そのものに対して OK を与える。
　例：いやあ元気だったね。
⑪「You are not OK」相手を認めない。
⑫ 相手の行為や特性に対して You are not OK を与える。
　例：成績が悪かったから早朝自主練だ。
⑬ 相手の存在そのものに向けられた否定的なストローク。
　例：いくら勉強してもどうせ成績は上がらない。
　　　試験の解答は，誤字脱字が多くて採点は大変だった。

「I am OK」「You are OK」自分を信じ，他人も信じられる。
「I am OK」「You are not OK」自分は信じるが他人は信じられない。
「I am not OK」「You are OK」自分は信じられないが，他人は信じられる。
「I am not OK」「You are not OK」自分も他人も信じられない。

　多くのストロークを述べてきましたが，「I am OK」「You are OK」の基本的な考え方に立つには，相手の感情，価値観や道徳観を理解し，相手が何を望んでいるのか，何を欲しているのかを把握することが大事です。お互いの利益となる共通項を早く見つけることだと考えます。自分と相手が満足することで信頼関係を築くことができます。

　肯定的ストロークを多く出すことで，ギスギスした人間関係も解消されていきます。人間関係はストロークがないことには始まりません。肯定的なストロークを最初に投げかけてみましょう。

(2) 部署内の人間関係
1) 上司,先輩の場合
① 尊敬の気持ちをもって

挨拶は率先して行い,尊敬の気持ちをもって接します。

上司の立場を理解し協力する姿勢をもちます。

② 返事をします

呼ばれたら顔だけを向けるのではなく気持ちが良い返事をします。

③ 素直な気持ちで

偏見の目で見るのではなく,素直な気持ちで接します。

指示や注意,命令は素直に聞きましょう。

上司からの注意や指摘など同じことを繰り返さないようにします。

④ 積極的な姿勢で

仕事に積極的に取り組む姿勢が大切です。

⑤ 話は最後まで聞く

質問がある時も,話は最後まで聞き,それから質問をします。

⑥ 上手な叱られ方

自分に非がある時は,素直に謝ります。反抗的な態度や不満そうな表情を見せてはなりません。反省を態度で示しましょう。

⑦ 上手な反論の仕方

上司にも勘違いはあります。冷静に自分の意見を述べます。感情的にならず素直で謙虚な態度で話しましょう。

⑧ 悪口は言わない

酒席の場などで,気が緩んで他人の悪口を言わないように気をつけましょう。回りまわって何かのきっかけで本人に伝わるかもしれません。

2) 後輩の場合

　将来，後輩が上司になることもあるため，先輩として威張るのではなく円滑な人間関係を築きましょう。

　① コミュニケーションを図る

　　仕事をスムーズに遂行するためには，積極的なコミュニケーションが必要です。

　② 公平に付き合う

　　職場内は好き嫌いで付き合うのではなく，公平に接するようにします。

　③ 激励する

　　後輩が仕事で困っていたら，アドバイスをして助け，ますますの頑張りに期待しましょう。

(3) 労働現場におけるハラスメント

 1) セクシュアル・ハラスメント

　セクシュアル・ハラスメントは，職場のみならずいろいろな場面でも起こりえます。「相手の意に反した，性的な性質の言動とそれへの対応によって，仕事を遂行する上で一定の不利益を与えたり，それを繰り返すことによって，就業環境を著しく悪化させること」と定義されています。では，どのようなことがセクシュアル・ハラスメントに当たるのでしょうか。

　① 女性に性的な関心を示す会話
　② 仕事上の役割で女性に，交際や性的関係を強いる言葉
　③ 性的関係を拒否した相手に嫌がらせ
　④ 職場や酒席などで女性に猥談を聞かせる
　⑤ 女性の身体的特徴や容姿に対しての嫌がらせ

⑥ 年齢に対する嫌がらせ
⑦ 未婚，結婚離婚，妊娠，出産などに関する嫌がらせ
⑧ 女性の性生活について聞く
⑨ AとBとの性的な噂を流す
⑩ 女性に対する偏った固定観念に基づく言動
⑪ 女性社員に「うちの女の子」「○○ちゃん」と呼ぶ。一般社員のように○○さんと言わない
⑫ 女性だけに，お茶くみやトイレ掃除などの雑用をさせる
⑬ 強姦，抱きつく，胸・腰や肩などの身体に触れる
⑭ 職場にヌードポスターを貼ったり写真や雑誌を置く
⑮ 酒席でデュエットやお酌を強要する
⑯ 女性上司によるセクシュアル・ハラスメント

　以上のような行為は，セクシュアル・ハラスメントになります。相手が不快に感じるような言動や行為は厳に慎み，職場内で相手を尊重し思いやりをもった言動で接しなければなりません。
　男女雇用機会均等法及びそれに基づく指針により，職場における男女双方に対するセクシュアル・ハラスメント対策として次の措置を講ずることが事業主に義務付けられています。
① 事業主の方針を明確にし，管理・監督者を含む労働者に対してその方針を周知，啓発すること
② 相談，苦情に応じ適切に対応するために必要な体制を整備すること
③ 相談があった場合，事実関係を迅速かつ正確に確認し適正に対処すること
④ 相談者や行為者などのプライバシーを保護し，相談したこと

や事実関係の確認に協力したことなどを理由として不利益な取り扱いを行ってはならない旨を定め，労働者に周知，啓発すること

2) パワー・ハラスメント

厚生労働省は，平成24年にパワー・ハラスメントの定義を「同じ職場で働く者に対して，職務上の地位や人間関係などの職場内の優位性を背景に，業務の適正な範囲を超えて，精神的・身体的苦痛を与える又は職場環境を悪化させる行為をいう」としています。この優位性とは，上司から部下に行われるものだけでなく，先輩，後輩間や同僚間，さらに部下から上司に対してさまざまな優位性を背景に行われるものも含まれます。

平成24年に厚生労働省は，パワー・ハラスメントの典型例を示しました。職場のパワー・ハラスメントの行為類型は，以下のとおりです。

① 身体的な攻撃（暴行・傷害）
② 精神的な攻撃（脅迫・名誉毀損・侮辱・ひどい暴言）
③ 人間関係からの切り離し（隔離・仲間外し・無視）
④ 過大な要求（業務上明らかに不要なことや遂行不可能なことの強制，仕事の妨害）
⑤ 過小な要求（業務上の合理性なく，能力や経験とかけ離れた程度の低い仕事を命じることや仕事を与えないこと）
⑥ 個の侵害（私的なことに過度に立ち入ること，個の侵害）

厚生労働省は，平成27年に初めて「パワー・ハラスメント対策導入マニュアル」を作成しました。平成27年7月より「パワー・ハラスメント対策支援セミナー」が全国70カ所で開催されています。

3) 危険ドラッグ関連

　幻覚や意識障害を引き起こす，危険ドラックに絡んだ事件が新聞やTVで報じられています。トヨタ自動車の米国人女性役員が麻薬輸入容疑で逮捕されるなど，また，一般人が仕事がハードなので疲れをとるために合法ハーブに手を出し，飲んですぐに意識がもうろうとするなか，車を運転し通行人をはねたなど，危険ドラッグに関する事件は後を絶ちません。合法ハーブ，合法ドラッグ，脱法ハーブなどとして，あたかも安全であるかのごとくインターネット上で入手できるようですが，これらは明らかに違法ドラッグです。絶対に手を出してはなりません。

　厚生労働省は，危険ドラッグの乱用による健康被害や，他者を巻き込んだ死傷事件や交通事故などが多発したため，政府一丸となって危険ドラッグ対策を講じ，販売店舗やインターネット業者サイトに対する削除要請などを働き掛けてきました。

3．指示，報告・連絡・相談（ホウレンソウ）

(1) 指示

1) 指示の受け方

指示の受け方	⇒	返事をして，指示者のもとへ行く（筆記具持参） 指示を受ける（5W3H）。 質問は最後に，復唱（無理な場合は上司に相談）。
意見があるとき	⇒	上司の立場で考える，職責の立場，事実に基づく謙虚な態度で，根拠となる資料をそろえ客観的に話す。

5W3H		
When	（いつ）	月日・時間。期日はいつまでに。
Were	（どこで）	場所・地名。どこで仕事を行うか。
Who	（誰が）	人物名・主体。仕事は誰がするのか。
What	（何を）	内容・主題。用件の内容は何か。
Why	（なぜ）	原因・目的。理由。仕事の目的や意義は何か。
How to	（どのように）	状態・手段・方法。仕事の手順。
How much	（費用）	価格・金額。費用はいくらかかるのか。
How many	（数量）	いくつ。数量はどの程度必要か。

　組織においては，上司からの仕事の指示に従わなければ階層組織が成りたちません。仕事の役割を正確に果たすためには，指示を正確に把握していなければ，望まれる結果には繋がらないでしょう。

　指示を与える側は，内容をよく把握しているため，受ける側もある程度は理解できていると誤解している場合があり，そのために，仕事の行き違いが生じることがあります。疑問点は曖昧にしないで，指示の最後に必ず，５Ｗ３Ｈの要点を把握しながら，踏み込んだ指示をします。

2）指示の受け方の基本

　仕事をする上で，上司や先輩から知らされる伝達事項や指示・命令を十分確認することはとても重要なことです。与えられた仕事の目的や処理方法を正しく把握するために，次の点に注意します。

　① 上司に呼ばれたら即返事，メモ用紙と筆記用具を準備して行く。
　② 指示を聞くときは精神を集中し何が目的なのかを考えながら聞く。
　③ 上司の言葉はさえぎらず，最後まで聞く。

④ 大事な点は要領よくメモをする。

(2) 報告・連絡・相談（ホウレンソウ）

上司から「どうなっている？」と聞かれる前に，報告をします上司は仕事を指示して，そのあとはどうなっているのだろうか不安を感じています。急ぎの仕事の依頼があれば，即仕事にとりかかるのは当然ですが，もし遂行に無理があれば断るか，タイムリミットを延ばせるかを上司に相談しましょう。

1）報告のチェックリスト

報告とは，上司からの指示・命令に対し，その遂行の結果や経過を知らせること。

① 悪い報告程早めに報告する。
② 複数の事項を報告するときは，重要度・緊急度の高いものから先に伝える。
③ 前置きは短くして，結論から報告。
④ 公私混同の事項は，公のものから先に伝える。
⑤ 結論，理由，経過の順に行う（動機・理由）。
⑥ 事実と主観を分けてそれが相手にもわかるように報告・連絡をする。
⑦ 自分に都合の悪い事柄でも嘘をつかずに正直に報告する。

2）連絡のチェックリスト

連絡とは，自分の意見を付け加えずに簡単な事実情報を関係者に知らせること。

① 連絡をすることになった事情・理由はしっかりと把握しておく。
② 相手の立場に立って，きめの細かい早めの連絡を心がける。
③ 状況を考えて連絡のタイミングを考える。

④ 連絡したい本人に伝わったか確認をする。
⑤ 伝言を依頼するときは伝言を引き受けた人の名前を確認しておく。
⑥ 代理で連絡を受けたときは、最後まで責任をもつ。
⑦ 曖昧な表現はぜず、事実をきちんと伝える。
⑧ 連絡漏れがないか十分に注意する。
⑨ お世話になった人への結果連絡は、形にこだわらず、早く伝える。

3) 相談のチェックリスト

相談とは、自分が判断に迷うようなときに、上司や先輩あるいは同僚にどうしたらよいか、参考意見を聞くこと。

① 相談する前に自分でよく考え、相談内容を整理する。
② 不明点・疑問点は確認する。
③ 指示を受けた仕事は、タイムリミットを確認する。
④ 問題発生時には、まず自分なりの解決策を用意した上で相談する。
⑤ 隠し立てせずに正直に相談する。
⑥ 相談する前に「〜の件でご相談したい のですが〜」と用件を述べる。

(3) 報告の仕方

|報告の手順| ⇒ ・指示をされた人に直接報告（仕事終了後、直ちに）
・簡潔に、結論から理由・経過の順で報告
・5W3Hの要領で客観的事実を報告
・優先順位をつける（複数の報告事項の場合）
・内容により資料、データを準備

|中間報告| ⇒ 仕事が長期にわたる場合，トラブルに巻き込まれた場合，情勢の変化，指示者が結果を知りたがっている場合

　仕事をしていく上で欠かせないのが，上司への「報告・連絡・相談（ホウレンソウ）」です。指示と報告は表裏一体です。どのような指示であれ，受けた以上はその結果についてタイミングよく事実に基づく客観的な報告をする義務が生じます。

　報告は結論から先に理由，経過の順となります。上司に時間がない場合は結論のみという場合も生じます。

　ビジネスは日々変化しており，目的・内容や仕事の進め方の変化など，いつ何が起こるかわかりません。トラブルが発生したときなどすぐに報告をしなければ，取り返しがつかない状況に追い込まれます。報告を行うことにより，仕事を自分だけで抱えることなく，リスクと責任が組織と関係者に分散されることになり，トラブルの際もより機動的な対応が可能となります。仕事を任せられているとはいえ，長期にわたる仕事の場合は中間報告は必須です。上司から催促される前に，仕事の進捗具合や相談など密に連絡を取る必要があります。また，「ホウレンソウ」は，上司である縦の関係だけではなく，部署内，他部署など横の関係にも行う必要があります。

① 報告・連絡の種類
　　|口頭| → 直接上司へ報告
　　|文書| → 報告内容が詳細・大量な場合や多くの関連部署に知らせる場合
　　　　　　報告内容を保存する場合

② 報告・連絡をする前の準備のポイント
- ５Ｗ３Ｈを基に実施する。
- 文書か口頭でよいか考える。
- 時と場所，人を選ぶ。
- 入手した情報は事実関係を確認する。
- 内容によってはその裏付けとなる資料，データ，参考意見などを準備する。
- 返ってくる質問を予想してその答えを準備しておく。

③ 報告・連絡のタイミング
- 指示された仕事が終了したとき。
- 仕事遂行中に特別の事態が発生したとき。
- 処理が予定より長くかかりそうなとき。
- 結果の見通しがつかめたとき。

④ 中間報告が必要になる場合
- 指示された仕事が長期にわたる場合。
- 指示された仕事が途中でトラブルやアクシデントにあったとき。
- 指示された方法ではどうしても仕事が完成しないとき。
- 遂行中に状況が変化したとき。
- 指示者が経過を知りたがっているとき。

4．スケジュール管理

(1) アポイントメント（appointment）

　面談や会合の予約や約束のことをアポイントメントといい，略してアポ，アポイントをとるといいます。ビジネスパーソンの交渉の端緒はアポイントメントを取るところから始まります。

1) アポイントを取るときのながれ

| ①電話をかける | → | ②用件・必要時間を伝える | → |

| ③相手の都合 | → | ④日時を調整 | → | ⑤復唱・確認 |

① 電話をかける　　　担当者に取り次いでもらう。
② 用件と所要時間　　用件と所要時間を伝える。
　　　　　　　　　　同伴者がいる場合は事前に伝える。
　　　　　　　　　　「○○の件で，30分程お時間をいただけないでしょうか。」
③ 相手の都合　　　　相手のスケジュールを優先します。
　　　　　　　　　　「来週のご都合はいかがでしょうか」など期間の幅を持たせる。
④ 日時を調整　　　　先方から提示された中から，お互いの都合が良い日時を提案します。
　　　　　　　　　　はっきりとした時間を告げる，曖昧な何時頃は避ける。
　　　　　　　　　　「では○月○日○曜日○時にお願いできませんでしょうか。」
⑤ 復唱・確認　　　　「それでは○月○日○曜日の○時に伺います。どうぞよろしくお願い申しあげます。」

2) アポイントを取るときの注意

① 面会者の会社名，所属，役職，氏名，所在地，電話番号，メールアドレスなど。
② 面会の目的，主旨，内容，訪問者の人数。
③ 面会を希望する日時と所要時間，予備の日時。
④ 避けた方が良い曜日と時間帯は，休日前の午後，休日明けの

午前中,始業前〜9時30分,金曜日の午後16時以降(急ぎの場合は,これに限りません)。
⑤ 月末は避けた方がよい,月末締め事務処理に追われる。
⑥ 昼食時前後,昼食時間に食い込む場合がある。

(2) スケジュール
1) スケジュール表の作成と種類
① 年間スケジュール

1年間に行われる社内定例行事を入れていきます。株主総会,創立記念日,入社式,定例会議,親睦旅行,運動会,健康診断など,年間計画で決まっているところを入力します。

② 半期・四半期スケジュール

半期6カ月,四半期3カ月などの期間の区切りで,企業決算や社員の人事評価などが行われます。

③ 月間スケジュール

年間スケジュール表に基づき,月ごとの行動予定を概括的に組みます。定例行事,定例会議,出張,会議,面談,訪問,外部会議など1カ月の全体行動をわかりやすくします。

④ 週間スケジュール

月間のスケジュールを基に1週間の確定した行動予定を詳細に記入し一覧にまとめたものです。面談の会社名,役職名,氏名,同伴者,用件,資料の準備,応接室の予約,備品の手配など詳細に記入していきます。

⑤ 日々スケジュール

週間スケジュールをより詳細に記録した内容で,1日の行動予定を細かい時間単位で綿密にかつ正確に表記したものです。

2) スケジューラーによるスケジュール管理

会社へ出勤したら，新しい案件や雑務をスケジュールソフトで管理します。

雑務に近いものから重要なものまですべて書き出します。実行したものは色を変更したりして済が分かるようにします。職場で開放されているスケジューラーを利用する場合は，自分以外の社員とスケジュールを共有することが可能になり，案件に変更があっても，いちいち他の社員に連絡する必要がありません。案件ごとに優先順位をつけたり，案件の締め切り期日の近いものから順番に見られるので，今なすべきことの見極めがつきます。

(3) 出張業務

出張する際には，その種類や目的を把握し，出張に必要なすべての手配を手落ちなく遂行していかなければなりません。日帰り出張，国内，海外出張などで，出張内容も会議，商談，面会，打ち合わせ，顧客訪問などさまざまです。

1) 出張準備

① 出張申請の提出

出張目的，出張申請（宿泊代，交通費など必要経費を記入して仮払金の申請），上司に提出。

② スケジュールの作成・予約

交通機関は，効率的な乗り物で移動するが，健康の都合上，苦手な乗り物がある場合は，上司に相談。企業系列の宿舎，訪問

先の近場など会社の定宿。会社の出張規定により決める。
③ 出張日程表の提出
旅程表の立案，訪問先，宿泊先の情報も明記する。
④ 必要な情報収集
必要な情報をそろえる。訪問先担当者の情報，訪問先会社の情報など，幅広く情報収集をする。
⑤ 携行品の準備
旅程表，チケット（新幹線，航空券など），旅費（仮払金），資料類（会議の資料，案内状，必要書類など），名刺（多めに），身分証明書，健康保険証，運転免許証，パソコン，手土産，その他。

2) 出張中の注意点

就業前には，出勤時間に合わせて上司に電話を入れその日の行動予定を報告，夕方その日の業務終了後に上司に報告をします。上司に業務内容や指示を仰ぎます。また，自分あてに連絡がないかチェックします。

3) 出張後の注意点

帰社して，報告書の作成や旅費の精算を済ませ，ようやく出張が完結します。

| 出張中の業務終了 | → | ①上司への報告 | →

| ②出張報告書・経費精算書の作成 |

① 上司への報告
帰社のあいさつと出張中の必要事項の報告
② 出張報告書・経費精算書の作成
出張報告書を提出し，出張旅費の精算を行い上司の承認を得る。社内へのお土産の費用は普通，経費に計上できないので注意する

5．会議やミーティング

(1) 会議やミーティング

ビジネス社会において意見交換，意志決定，情報の共有化，OJTの一環，連絡・調整，アイディア収集や情報などを得る場として会議は必要不可欠です（OJT とは，On the job training で，仕事遂行を通して，知識，技術，技能，態度などを訓練すること）。

また，TV 会議は，費用や時間の短縮の意味もあり，一カ所だけでの会場ではなく，国内や海外の複数の会場を結び同時に会議を進行することができ，現代のスピーディな時代にはマッチしています。

会議の機能分類として，情報交換会議・意見交換会議・問題解決会議・調整・根回し会議・意思決定会議・交渉会議などがあります。株式会社であれば，開催が義務づけられている最高の意志決定機関である株主総会があります。これも，会議に含まれます。

対外的な会議と社内での取締役会議などの定例会議，それ以外に随時に開かれる会議などがあります。正規に開かれる定例会議は，通常決まった人員で開催されます。会議の種類は以下の通りです。

1）会議の種類

① 株主総会

株式会社の最高意思決定機関です。毎決算期に1回開催される定時総会と，必要に応じて開催される臨時総会があります。決議には株式会社の議長選出，取締役や監査役の選任，会社定款の変更，予算，決算の承認などが議決されます。

② 取締役会

会社法に規定された株式会社のうち，取締役会設置会社における業務意思決定機関です。代表取締役の選任，新株の発行，準備金の資本金組み入れ，社債発行などは取締役会で議決できま

す。
③ 常務会

重役会, 役員会とも称されます。社長, 副社長, 専務取締役, 常務取締役によって構成され, 取締役会が意思決定機関であるのに対し, 執行機関としての役割を果たします。会社によっては, 取締役, 監査役などを含む場合もあります。

④ その他

・各種委員会

臨時的性格をもち, 特定の問題解決のため関係各部門間で検討したり担当部門が特定できない新しい課題の検討を要する場合に委員会が組織されます。与えられた課題について結論が出ると, 委員会が直属する部門長の手に渡り, 委員会は役割を終えます。

・部課長会議

会社の意思決定に対する補佐活動として行われる公式の会議で, 組織活動の一環として不可欠なものです。定期的に開催され情報交換, 連絡調整として活用されます。

・職場会議

必要に応じて開催される社内会議です。参加者も問題によってその都度自由に選択できます。伝達, 討議, 問題解決, 研修などの目的をもちます。

2) 会議で使われる用語

会議を主催する立場になったときや会議に参加する際, 困らないように会議でよく使われる用語を説明します。

図表2-3　会議で使われる用語

用　語	説　明
議　題	会議で討議する事項
議　決	議題について表決の結果による議会の意思決定
招　集	会議のために関係者を集める
提　案	議題を会議に示して議決を求める
動　議	議題の採否を挙手，起立，投票などにより決める
定足数	会議が成立するために必要な最小限の出席者数
採　択	議案や意見などを正式に採り上げる
委任状	権限を特定の個人に委ねることで出席にかえる
諮　問	下位の組織や専門家に意見を求める
答　申	諮問に対して答えや意見を述べる

(2) 会議の形式

　会議主催者側と参加者とが双方向で討議する通常の会議のほかに，目的に応じて次のような会議形式もあります。

1) 会議の形式

①フリートーキング ⇒ 時間や発言形式に制限をつけない自由な討論や対話

②ブレーン・ストーミング ⇒ ある問題やテーマに対し，参加者が自由に意見を述べることで多彩なアイディアを得るための会議方法

③バズ・セッション ⇒ 小集団学習の一種で，6名前後のグループをいくつか作り，そのグループの中でリーダーと記録係を決め，討議テーマについて意見を述べ，最終的にグループの意見をまとめ発表する。

④ パネル・ディスカッション ⇒ あるテーマについて，あらかじめ選ばれている複数の専門家（パネリスト）が自分の見解を述べ，相互討論の後に，一般の参加者も交えていく討論会。

⑤ シンポジウム ⇒ 数名の発表者がひとつの主題に対し，それぞれ異なった側面や立場から発表し，その後，参加者から質疑応答をする形式。多方面の意見が必要な時に活用される。

⑥ フォーラム ⇒ 公開討議を原則とする会議。フォーラムメンバーが個別に意見を述べ，メンバー間で討議を行った後，参加者全員で質疑応答や意見交換をする。

2) 会議場の設営

① 円卓式

お互いの顔がよく見えるので，打ち解けやすい。堅苦しくなく自由に発言できる。

② ロの字型

円卓式を大きくしたもので，出席者が増えた場合は，机を2列にするなど，柔軟に対応できる。

③ コの字型，Vの字型

発表会や研修会などに用いられる。
参加者から見やすい。

④ 教室式

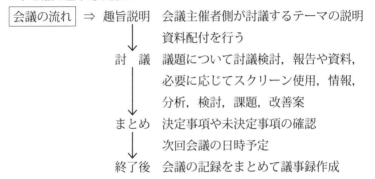

議事式とも呼ばれている。
大勢の人数を収容できる。
情報伝達が一方向的になる。

(3) 会議の流れ
1) 会議の基本的な流れ

|会議の流れ| ⇒ 趣旨説明　会議主催者側が討議するテーマの説明
　　　　　　　　　　　資料配付を行う
　　　　↓
　　　　　　討　議　議題について討議検討，報告や資料，
　　　　　　　　　　　必要に応じてスクリーン使用，情報，
　　　　　　　　　　　分析，検討，課題，改善案
　　　　↓
　　　　　　まとめ　決定事項や未決定事項の確認
　　　　　　　　　　　次回会議の日時予定
　　　　↓
　　　　　　終了後　会議の記録をまとめて議事録作成

2) 会議を準備する側

　支店長会議や各部署の部長が集まる部長会議，系列会社による営業会議など，出席者，会議内容や規模により準備も大きく異なってきます。会議の通知方法としてビジネス文書，Ｅメール，電話，口頭で伝えるなどの方法がありますが，対外的な公式の会議は，ビジネス文書で関係者に１カ月前には開催通知を連絡します。

　会場のセッティングは，周辺の環境や集客力，設備，広さを考慮して会場を選定します。その際，万全を期して必ず下見をしてください。座席配置は，会場の目的，人数に合わせて設営します。

3）会議開催の準備

① 会議の目的と性格を把握する。
② 日程の調整　⇒　ぜひ出席してほしい人の日程をおさえる。
　　　　　　　　　全員参加できるように複数の日程を調整する。
③ 会場の選定　⇒　会議の目的，内容を理解した上で会場の予約手続きをする。
　　　　　　　　・会議の目的，広さ，料金などを考える。
　　　　　　　　・照明や空調の設備確認をする。
　　　　　　　　・駐車場や宿泊施設があるか。
　　　　　　　　・会場設営は，議席の配置，必要に応じて席順を決める。
　　　　　　　　・備品をセットし，資料の準備をする。
　　　　　　　　・社外の会場，事前に会場側と話し合う。
④ 参加者への開催案内　⇒
　　　　　　　　会議の名称，議題，日時，会場が決定次第通知を行う。
　　　　　　　　委任状を同封する場合もある。連絡方法は，ビジネス文書，Eメール，電話，口頭で伝える。必要に応じて事前に資料を配布する。
⑤ 参加者名簿の作成，備品類の準備，視聴覚機器（パソコン，プロジェクター）。
⑥ 会場の設営　⇒　会場のレイアウトを考える（机の配置）。
⑦ 食事やお茶の手配。
⑧ 会議前日に出席者への確認をする。

4) 会議開催当日の流れ（対外的の場合）

| 準　備 | ⇒ | 開催通知 | 発信者，会議名称，日時，場所，議題，受信者連絡先（担当者），締切日，資料地図，駐車場・食事の有無 |

（対外的）

　　　　　　　　準　備　出欠チェック，名簿，立看板，資料作成，
　　　　　　　　　　　　備品の用意（パワーポイント，机，椅子，
　　　　　　　　　　　　電子黒板，席順，名札），会場の空調

　　　　　　　　会議当日　受付，名簿チェック，手荷物預かり，茶
　　　　　　　　　　　　菓，食事の手配

　　　　　　　　終了後　預かり物の返却，配車，伝言，忘れ物の
　　　　　　　　　　　　点検，議事録作成，関係者への挨拶

5) 会議開催当日と後始末（対外的）

① 会場点検（備品の点検，部屋の換気，冷暖房，防音，照明）
② 会議運営の確認（茶菓・食事），会議中の電話の取り扱い，記録
③ 受付（名簿に従い参加者の確認，名札，クローク，開始時間になれば出欠状況を知らせる）
④ 会議中（茶菓，食事のサービス，電話連絡の処理）
⑤ 会議終了後の後片付け（クローク，車の手配，会議中の伝言，後始末）
⑥ 会議終了後の後始末　お世話になった人へのお礼を述べる
　会議に関する資料ファイル，関係先への議事録配布
⑦ 議事録の作成
　会議の名称，開催日時，会場の場所，議題，議長及び出席者，決定事項，討議内容，今後の予定，次回開催日，会議の経緯，議事録者名，会議の内容を記録し情報の共有化と，会議に参加していない人にもわかるようにします。

図表2-4 委任状

```
         委 任 状
 私は（代理人の住所・氏名）
 を代理人と定め下記の事項を
 委任いたします。
    委任事項
 第1号議案　原案に対し　　賛　　否
 第2号議案　原案に対し　　賛　　否
 上記事項について委任します。
           平成 年 月 日
    委任者の住所
         氏名          ㊞
```

図表2-5 議事録

第○回　○○○会議議事録				
日　時			場　所	
出席者				
議　題				
決　定				
討議内容				
今後の予定				
次回会議予定・議題				
作成日			作成者	

6）会議に出席する側

　対外的な会議や社内での部署内，他部署の全体会議，取引先との会議など数多くあります。会議開催通知書には，議題が明記されているので，事前に配布される資料があれば目を通しておき，自分自身の考えをまとめておくと会議もスムーズに進行します。貴重な時間を費やして開催される会議です。会議に踊らされるのではなく，下準備をして，時間の無駄を省きたいものです。

① 会議会合の案内が来たとき
- 会議開催の案内状を受け取る。
- 当日の行動予定を調べ上司と打ち合わせる。
- 主催者へ出欠の連絡を取る。

　　出席の場合⇒開催日時，場所の確認。スケジュール表に記入。
　　　　　　　　案内状は当日持参。持参物の確認。会場確認。
　　　　　　　　初めて出席する場合はメンバーについて調べる。
　　　　　　　　議題を確認し参考になる情報を入手しておく。
　　欠席の場合⇒委任状が必要であれば欠席通知と同時に発送。

② 会議出席の流れ

会議出席	⇒	会議前	会議名称（どのような目的），日時議題，地図の確認，参考資料の熟読，自説研究（自分の意見をまとめる）。
（対外的な場合）	↓	会議当日	余裕をもって到着，当日の資料に目を通す。
	↓		積極的に発言，メモをとる（他の参加者の意見），YES NO を明確にする。中座は発言が一括りしたとき。
		会議終了後	メモの整理，会議の結果を関係者に

連絡。結果をもとに事案を具体化する,計画,実行。

会議やミーティングについて述べてきましたが,会議に関する知識を習得することで,心に余裕ができスムーズに対応することができます。

引用・参考文献
- 藤芳誠一編著［1985］『経営管理学事典』泉文堂
- ハリス,T. A. 著,春木豊・久宗苑訳［1971］『I'M OK―YOU'RE OK 人間関係が生きかえる』ダイヤモンド社
- 増田卓司ほか［2003］『ビジネス実務の基礎』学文社
- ドラッカー,P. F. 著,上田惇生訳［1996］『現代の経営上』ダイヤモンド社
- 厚生労働省編［2015］『厚生労働白書』厚生労働省
- 斉藤毅憲編著［2006］『経営教育事典』学文社
- 奥林康司［2002］『働きやすい組織』日本労働研究機構
- 和田迪子［1993］『人間関係を見直す心理学』PHP研究所

第3章 ビジネス文書

　ビジネス文書は，ビジネスを進める上でとても重要な役割を占めています。ビジネスを進行するなかで，口頭だけのやり取りでは，言った言わなかったなどの誤解や間違いが生じることもあり，ビジネスの経過を文書化して記録として残しておくことは必要不可欠なことです。

　ビジネス文書は，内容が正しく伝わるように用件を正確・明瞭かつ簡潔に書く必要があります。そのために守らなければならないルールを以下に挙げます。

　第一に「結論優先」
結論・趣旨を先に書き，原因・経過を述べ最後に提言の順でまとめます。文面の内容を瞬時に分かってもらうには，最初に目に入る件名（標題）が大切になってきます。

　第二に「簡潔な文書」
短時間で内容が理解できるような文書にするために，センテンスは短めにし，用件が複雑な場合や多くの項目を並べなければならないときは，箇条書きにするなどの配慮が必要です。

　第三に「正確な文書」
曖昧な表現は避け，数字や日時，数量，金額，場所などのデータを正確に確認しながら書き，引用した場合は出所を記入します。

　また，文書により様式が定型化された文面もあり，マニュアル化されているため，その様式に当てはめていけば文面が完成します。

1．ビジネス文書の基本

(1) ビジネス文書の基本

　ビジネス文書を作成する目的は，通知や注文内容を文書として残すことで，内容を正確に伝え，伝達ミスなどのトラブルを回避することです。ビジネス文書には社内文書と社外文書があり，A4横書きで作成するのが原則です。なるべく難解な表現は避けて，簡潔に分かりやすく書くことが大切です。ビジネス文書は「です・ます」調で統一するのが基本ですが，「である」調を使う場合もあります。「です・ます」調と「である」調を混同させてはなりません。漢字は常用漢字を用いるのが原則です。

　① 横書きの用紙は左上を綴じる。縦書きの用紙は右上で綴じる
　② ひとつの文書にひとつの件名を付け，何についての文書か明確にする
　③ 数字を用いる場合は，アラビア数字を用いる
　④ 千の単位以上は，3ケタごとにカンマで区切る ¥30,000—
　⑤ 文面を段落で分ける
　⑥ 多くの項目を並べる時は，箇条書きにする
　⑦ 2枚以上の文書はページ番号を付ける
　⑧ 文書の入力が終わったら校正を忘れずに

(2) ビジネス文書の分類

　ビジネス文書は，社内文書と社外文書に分類されます。社内文書は，社内に向けて発信される文書で，代表的なものに連絡文書，報告書，議事録などがあります。社外文書は，商取引文書，契約・法的関連文書，社交文書などがあり，取引先や顧客に向けて発信される文書です。事務的ではなく礼儀正しい文書にしなければなりません。

図表3-1 ビジネス文書の分類

社外文書	商取引文書	案内状，送付状，照会状，見積書，注文書，納品書，契約書，依頼状，請求書，通知状，承諾書，断り状，督促状，領収書，抗議状，詫び状
	契約・法的関連文書	契約書，覚書，登記書類，念書，訴訟関係書類
	社交文書	招待状，挨拶状，礼状，推薦状，通知状，紹介状，案内状，見舞い状，悔やみ状
社内文書	社内文書	通知状，通達文，連絡文書，議事録，稟議書，企画書，報告書，提案書，依頼書，照会書，回答文書，回覧文書，各種届，始末書

出所）福永弘之編著［1999：41］に一部加筆作成

(3) 各文書の説明

1) 社内文書

通知状，通達文，連絡文書，議事録，稟議書，企画書，報告書，提案書，依頼書，照会書，回答文書，回覧文書，各種届，始末書，各種帳票など（〜書は文字を書いた物。〜状は状況を申し述べた書）

通知状・通達文：会議開催や決定事項の連絡や通達。

連絡文書：相手に必要なことを知らせる文書。

議事録：会議の内容などを記録。

稟議書：意思決定が必要な事項を回覧して承認を得る。

企画書：新規のアイデアを実現するための文書。

報告書：出張や商談などの報告。

提案書：議案や意見を提出する文書。

依頼書：他部署などへ仕事の依頼。

照会書：他部署へ問い合わせなど。

回答文書：質問や要求にこたえる文書。

回覧文書：順送りに回して読む文書。

各種届：用途にあわせて各部署に提出する文書。
始末書：事故や会社への不始末についての報告や謝罪。
2) 社外文書
案内状，送付状，照会状，見積書，注文書，納品書，契約書，依頼状，請求書，通知状，承諾書，断り状，督促状，領収書，抗議状，詫び状，契約書，覚書，登記書類，念書，訴訟関係書類。
案内状：発表会やパーティなどの案内。
送付状：カタログなどを送付するときに添える。
照会状：疑問点や不明な点など取引先等に対して問い合わせ。
依頼状：領収書の送付などを依頼。
督促状：入金などが遅れていることを督促。

2．ビジネス文書
(1) 社内文書
社内文書は本社と営業所間，上司への提出文書など，自社の社員に向けた文書のため，社内文のあて名に会社名は必要ありません。社内の業務を円滑にし，用件を簡潔にまとめ早く伝えることが大切な目的です。

礼儀よりも効率を重視するため，頭語・結語・前文・末文は省き，頭語の「拝啓」や結語の「敬具」や時候の挨拶など儀礼的な表現は必要ありません。敬語の使用もなるべく簡潔にします。

① 文書番号：部署で発信した重要な文書には管理のため番号を付ける。職場での保管管理のための発番規定があればそれに従います。例：総発第○○号（総務部発信の意）

② 発信日付：元号で書くのが過去一般的ではありましたが，西

図表3-2　社内文書

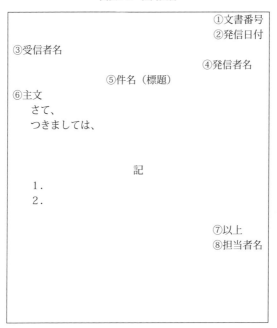

　　　　　暦を使う場合も多くあり，職場の流儀に合わせる。
　　　　　例：平成○○年○月○日，20○○年○月○日
③受信者名：社員各位，肩書がある場合は役職名を書く。
④発信者名：肩書がある場合は，総務部長など役職名で書く。
　　　　　担当部署と必要に応じて担当者名を入れる。
⑤件名　　：文書の標題で内容がわかる簡潔な標題にます。標題の最後に（案内）（依頼）（通知）などを入れることで，文書の趣旨がより分かりやすくなる。
⑥主文　　：改行し1文字空けて書き出し，詳細は「下記のと

　　　　　　おり」と書き出します。ポイントを箇条書きにする。
　　　　　　例：1．日　時
⑦ 以上　　：文書の終わりは「以上」で締める。
⑧ 担当者名：部課名，担当者名。

(2) 社外文書

図表3-3　社外文書

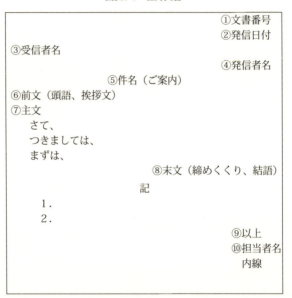

　社外文書は，社外向けの取引先などに当てた文書なので，曖昧な表現は避け，決まり文句や慣用表現を活用し，礼を逸しないようにします。儀礼的な挨拶は必須で，頭語・結語・前文・末文などの挨拶文を加え，丁寧で礼儀正しい文書にします。
　法人などは，㈱と略さず株式会社と正式名称を書きます。

① 文書番号：職場での保管管理のための発番規定があればそれに従う。
② 発信日付：元号で書くのが過去一般的ではありましたが，西暦を使う場合も多くあり，会社の流儀に合わせる。
　　　　　　例：平成〇〇年〇月〇日，20〇〇年〇月〇日
③ 受信者名：会社名・部署・役職・氏名を書く。敬称は個人の場合は「様」，複数名は「各位」，会社や組織は「御中」。
　　　　　　例：日本商事株式会社　総務部　総務部長　〇〇〇様
④ 発信者名：受信者名と同様に会社名，役職名，氏名を書く。
⑤ 件名　　：文書の標語で内容がわかる簡潔な標題にする。標語の最後に（ご案内）（ご依頼）などを入れることで，文書の趣旨がより分かりやすくなる。
⑥ 前文　　：頭語と時候の挨拶，先方の繁栄を祝い，日ごろの感謝を述べます。頭語の「拝啓」の後は1文字空ける。
　　　　　　例：拝啓　陽春の候　貴社におかれましては，ますますご隆盛のこととお喜び申し上げます。
⑦ 主文　　：改行し，1文字空けて書き出す。詳細は「下記のとおり」。
⑧ 末文　　：要旨をまとめて締めの挨拶と結語。頭語に対応した結語。
　　　　　　例：拝啓―敬具，謹啓―敬白
⑨ 以上　　：文書はこれで終了。
⑩ 担当者名：部課名，担当者名，内線番号やメールアドレス

図表3-4　社外文書モデル例

```
                                    営発第28453号
                                    平成○年○月○日
○○株式会社
代表取締役社長　○○○○様
                              △△株式会社
                              代表取締役社長　△△△△

              新商品説明会のお知らせ
拝啓　陽春の候　貴社におかれましては、ますますご隆盛のこと
とお喜び申し上げます。平素は一方ならぬご高配を賜り心より御
礼申し上げます。
　さて、当社では下記のとおり新商品の説明会を開催する運びと
なりました。ご多忙中とは存じますが、是非ともご来臨賜ります
ようにお願い申し上げます。　　　　　　　　　　　　敬具
                  記
  1．日時　平成○年○月○日　13：00～15：00
  2．場所　東京都千代田区○丁目○番○○
          ○○○ホテル
                                            以上
                                    担当
                                    ○○
```

(3) 社交文書（儀礼文書）

社交，儀礼文書のなかには縦書きの文書があります。

招待状，挨拶状，祝賀会，礼状，推薦状，見舞い状，悔やみ状

　礼状：お世話になった人へ感謝の意を伝える。

　祝い状：新商品発表や新社屋完成などお祝いの意を伝える。

　見舞状：災害，事故や病気などに対するお見舞いの文書。

図表3-5　ビジネス文書　社交文（縦書き）

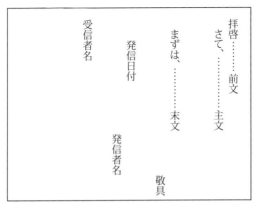

出所）三沢仁［1989：26］

図表3-6　敬称の付け方

相手	敬称	例
会社・学校・所属	御中	日本商事株式会社御中 人事課御中
職名	殿	総務部長殿
個人名	様・殿	○○○様 総務部長○○○様
同格の人へ（同文）	各位	社員各位・学生各位・保護者各位

会社や部署宛は「御中」，職名では「殿」，個人名の付いた職名は「殿」か「様」，複数名に当てる時は「各位」

図表3-7　頭語と結語

	頭語	結語
一般的	拝啓	敬具
丁寧	謹啓	敬白または謹言
返信	拝復	敬具
前文省略	前略	草々
	冠省	不一
急ぐ場合	急啓	草々

出所）三沢仁［1989：71］

図表3-8　手紙の慣用語

用語	意味	例
笑納（しょうのう）	受け取ってください	ご笑納いただければ幸い
倍旧（ばいきゅう）	今まで以上に	倍旧のご指導の程お願い
放念（ほうねん）	気にかけないで	ご放念ください
引見（いんけん）	面会してください	ご引見の程
恵与（けいよ）	品物を頂いたとき	ご恵与賜り感謝申し上げます
恵贈（けいぞう）	品物が送られたお礼	ご恵贈賜り感謝申し上げます
鋭意（えいい）	一生懸命努力する	鋭意努力いたす所存
幸甚（こうじん）	幸せである	ご出席いただき幸甚に存じます
末筆（まっぴつ）	末文の挨拶	末筆ながら、祈念申し上げます
精励（せいれい）	勤め励むこと	精励いたす所存でございます
専一（せんいつ）	専念する	専一にお願い申し上げます
末席（まっせき）	同席を謙遜して	祝宴の末席に
所存（しょぞん）	考え	新天地で頑張る所存です
同慶（どうけい）	同じように喜ばしい	ご同慶の至りに存じます
衷心（ちゅうしん）	心の底から	衷心よりお詫び申し上げます

出所）國分浩太朗［2002：177：181］より筆者作成

図表3-9　自他の呼び方

一般	自らを呼ぶ時	他を呼ぶ時
会社	当社，弊社，小社，わが社	貴社，御社
銀行	当行，弊行，小行	貴行，御行
商店	当店，弊店，小店	貴店，御店，お店
得意先		お得意様，お客様
意見	愚見，私見	ご高見，ご意見，ご意向
配慮	微意，薄志	ご高配，ご尽力
住所	当地，当所	貴地，御地
住宅	拙宅，当方，小宅	貴邸，ご邸宅
品物	粗品，寸志	ご厚志，結構なお品
宴	小宴，粗飯	華燭の宴
夫	夫，主人	ご主人様，旦那様
妻	妻，家内	奥様，奥方様
息子	息子，せがれ，愚息	ご令息様，ご子息様
娘	娘，子供	ご令嬢様，お嬢様
家族	家族一同，家中	ご家族様，ご一同様
親族	親族，親戚一同，身内の者	ご親族，ご親戚，ご親類

出所）東京文章研究会編［1971：62-80］より筆者作成

3. Eメールの作成

ビジネス社会でEメールがなければ、仕事がストップしてしまうほど大きな比重を占めています。

Eメールの特徴は、相手の都合を気にせずに（在否や時間など）、いつでも直接用件を送・受信でき、さらに、同時に複数の人に同じ情報や大量のデータを送ることができるなど、情報の共有を可能にします。

大手企業のデータベースから、個人情報が漏えいする事件は度々起きています。メールアドレスは各個人にとって個人情報であり、私信を受け取るためのインターネット上の住所ともいうべきもので、慎重かつ適正に取り扱う必要があります。

ビジネスで緊急の用件以外は、Eメールでやり取りすることがメインになってきました。その一方で、Eメールのマナー違反も目立つようになってきました。異常に大量のメールを送ったり、何メガもある大きな添付ファイルをつけたり、失礼な表現のメールを送るなどのマナー違反には気をつけ、節度あるメールを送りたいものです。

(1) Eメールの項目

図表3-10　Eメールの項目

①送信者	ログインした利用者のメールアドレス
②宛先（To）	送信先メールアドレス、複数の場合はカンマで区切る
③(Cc) Carbon Copy	カーボンコピー、複数にメールを送る場合 Toへ送ったので参考までに確認してくださいの意図 送信先のメールアドレスが全てわかる
④(Bcc) Blind Carbon Copy	ブラインド・カーボン・コピー、メールを受け取った人からは、Bccの宛先のメールアドレスは参照できない
⑤件名	Eメールの標題
⑥添付ファイル	添付するファイル

出所）國分浩太朗［2002：118-125］より筆者作成

① 送信者：一般的には電話は必要ないですが，重要なメール（読んでもらう必要がある）は，電話でメールを送ったことを連絡します。
② To：メールの用件に関係している複数名の相手に，メールアドレスを入力して送ることができるため，全員分のメールアドレスが自動的に表示されます。メールアドレスの記載順にも配慮しましょう。
③ Cc：メールの複写や控えの意味です。このメールを To の人に送信しました。ということを報告しておきたい相手や情報を共有しておきたい相手に送ります。全員のメールアドレスが開示されるので注意して送りましょう。
④ Bcc：メールアドレスをオープンにせず送信する必要がある時に使います。メールアドレスは重要な個人情報です。「Bcc」で送るところを「Cc」で送るとメールアドレスが開示され，相手に迷惑がかかり，会社の信用も失います。送信の前に十分に注意しましょう。Bcc でメールを受けた人は，自分の他に誰に送信されたのかわかりません。
⑤ 件名：毎日大量のメールを受信する人もいますので，相手の目に留まりやすいように，ひと目で内容がわかる具体的な件名にします。「ご報告」「ご案内」「打ち合わせ」など，1メールに1件名で送信します。
⑥ 添付ファイル：ワードやエクセルなどで作成した文書のファイルをメールで添付するときに使います。メール本文に添付するファイル名を明記します。

(2) Eメールの特徴

① 相手の都合に関係なく、いつでも連絡を取り合うことができます。

② 多くの人にいっせいに連絡をしたいときに、効率よく伝えることができます。

③ データを送る場合は、圧縮ファイルにしてメールに添付すると効率よく送ることができます。圧縮ファイルにはパスワードを必ずつけるようにし、送信者、受信者双方で予めパスワードを決めておくか、添付ファイルを送るメールとは別メールにてパスワードを知らせることで、より安全に送ることができます。

④ 緊急の場合は、相手がいつメールを見るかわからないので、電話で確認する必要があります。

⑤ メールは、相手が読みやすいように構成します。文書はすべて左寄せで書きます。「記」書きも左寄せにします。「記」で始まる内容は「以上」で結びます。

⑥ 1日に数回は受信メールのチェックをします。受信したメールに優先順位をつけ、速やかに処理していき、即、返信できないものは受信した旨を返信しておきます。

⑦ 段落ごとに1行空け、相手が読みやすいように工夫をします。

(3) Eメール送信と文例

図表3-11　メール送信

```
宛　名　　　　　　abc@abd.co.jp
件　名　①
-----------------------------------------
添付ファイル ②
-----------------------------------------
株式会社 ○○　③
営業課　　○○○○ 様

いつもお世話になっております。
○○社の△△でございます。
　　　　　　　　　　　　　　　　　　　　④
さて、先般からお問い合わせの打ち合わせの件ですが、
○○日の午後1時30分以降でお願いできませんでしょうか。
よろしくお願い申し上げます。




○○株式会社　　　　　　　　　⑤
営業2課　○○○○
東京都　Tel　Fax　　e-mail
```

1）Eメール送信

① 件名は明瞭に

- 人によっては大量のメールを受信しているので，メールはひと目で内容がわかる件名にして，消去されないようにします。
- 件名に会社の所属と名前をカッコ書きで明記すると相手は安心してメールを開くことができます。

② 添付ファイル

　画像など容量が大きいサイズのファイルは，圧縮をかけて送るとよいでしょう。しかし，企業によってはメールで送ることができる大きさの上限を定めていたり，個人でも通信容量の小さな環境で利用している人もいるので，あまり大きなサイズのファイルを送るのは控えた方が無難です。

③ 宛名

　・個人宛であれば，所属と役職，氏名を入力します。
　・複数の場合は「○○各位」とします。

④ 本文

　・時候や挨拶文は不要，簡潔に本題に入ります。
　・相手が社外の人でも頭語や時候の挨拶は必要ありません。
　・本文は，簡潔にわかりやすく伝えます。
　・複雑にならないために箇条書きにすると短時間で判断できます。
　・補足する様であれば追加します。

⑤ 署名

　・会社名，所属名，氏名，住所，メールアドレス，電話番号などを入れます。

2) Eメールのポイント

① 重要な要件には目印

　急用を見落とさないように，〔至急〕，〔重要〕などとメールに加える。他より目立つようにして優先順をつけて読んでもらいます。

　内容が一見して分かる適切な件名をつけ，相手に用件と重要性が判断できるようにします。

② アドレス

Eメールアドレスの登録時には，アドレスブックにも「様」などと敬称を付けておくと便利です。

③ ポイントを整理

5W3Hを基にしながら要点を整理します。ビジネスでは絵文字を使用しない方が無難です。

④ メーリングリスト活用

グループ単位ごとに送信する場合は便利です。情報交換など目的に合わせて作成します。

⑤ 読み返す

Eメール送信前に必ず読み返します。漢字変換のミスなど気が焦っていると見落としてしまいます。

⑥ 返信は速やかに

受信したメールに対して返信します。

⑦ 署名

署名は，名刺と同様に相手がメールだけではなく連絡をとるために，社名，部署名，氏名，住所，電話番号，Eメールアドレスなどを記載しておきます。

また，メール事故で多いのは，添付でExcelなどの表計算ソフトのファイルを送る際に，そのなかの送りたいシートだけでなく，すべてのシートが送られてしまうことです。ファイルの中に機密情報のシートがあれば，それも送られてしまいます。添付ファイルを送る際は，PDF*ファイルなどに変換して，送るべきシートのみを送ることを心がけましょう。

* PDF　Portable Document Format：紙に印刷するのと同じ状態のページのイメージを保存するためのファイル形式の名前

4．封筒とはがきの書き方

ビジネス分野では，Ｅメールが一般的になりました。だからこそ，封筒に入って届く手紙やはがきは受け取る側にインパクトを与えます。封書やはがきは，読みやすく楷書で書くのが基本です。会社名や部署名は㈱と書くのではなく株式会社と略さないで書きます。株式会社が会社名の前に付くのか後に付けるのかは調べて正確に書きます。名前は略さないで正式な漢字で正確に書きます。

(1) 封筒とはがきの書き方

郵便番号は必ず書くようにします。

図表3-12　封筒の表書き

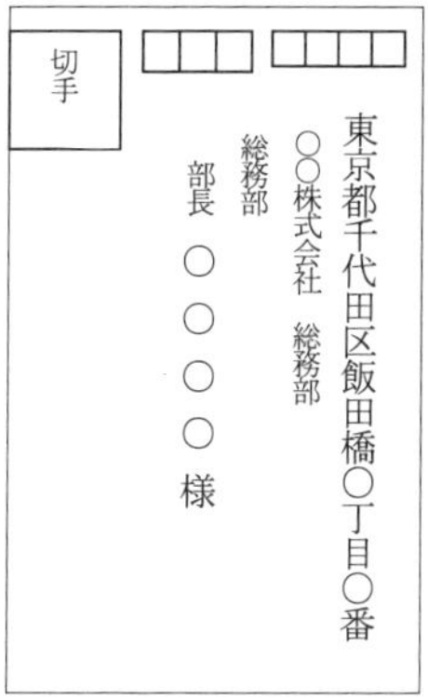

郵便番号は正確に書く
住所と宛名の字のバランス
様，御中の敬称に気を付ける
封書の重さを計る
切手は左上に貼る
裏面は糊付けにする
封じ目は〆，緘，封のどれかを記入

図表3-13

```
東京都千代田区飯田橋○丁目○番○号  [切手]
  ○○株式会社
   部長 ○○○○  様            102-0072
```
横書き

横書きは切手と郵便番号は右

図表3-14　はがきの表

```
切手    102-0072     東京都千代田区飯田橋一丁目○
        ○○株式会社
年月日   ○
        ○
        ○
        ○ 様
        福岡市中央区○○
```

封書と比較してはがきは書くスペースが狭いので文字の大きさに注意
敬称は必ず書く
差出人は宛名より小さく
往復はがきの宛名の敬称
　○○株式会社　行
　　　　　　　　御中
個人名
○○　○○　行
　　　　　　様

図表3-15

披露宴の招待状は早めの返信
欠席の場合は二重線で消し、「残念ながら」と書き、都合がつかない旨を添える

(2) 時候の挨拶・慣用語

わが国の気候は，四季があり時候を表現しやすく，先取りした季節を相手に伝えることで，季節の移り変わりを感じてもらうことができます。季語を使う「○○の候」のほかに「時下」という表現は，四季を通して用いることができます。

図表3-16　時候の挨拶

月	時候の挨拶
1月 睦　月	新春の候，迎春の候，酷寒の候，厳冬の候
2月 如　月	晩冬の候，立春の候，余寒の候，春寒の候
3月 弥　生	早春の候，春暖の候，浅春の候，弥生の候
4月 卯　月	陽春の候，春暖の候，仲春の候，惜春の候
5月 皐　月	薫風の候，新緑の候，若葉の候，晩春の候
6月 水無月	梅雨の候，長雨の候，初夏の候，向暑の候
7月 文　月	盛夏の候，酷暑の候，猛暑の候，大暑の候
8月 葉　月	残暑の候，納涼の候，晩夏の候，秋暑の候
9月 長　月	新涼の候，初秋の候，新秋の候，白露の候
10月 神無月	秋冷の候，仲秋の候，錦秋の候，夜長の候
11月 霜　月	晩秋の候，深冷の候，暮秋の候，向寒の候
12月 師　走	寒冷の候，師走の候，寒気の候，歳晩の候

出所）安田賀計［1985：41］に一部加筆作成

(3) 郵便の種類

郵便物は，第一種郵便物，第二種郵便物，第三種郵便物，第四種郵便物に分かれています。第一種郵便物は，下記の図表の定形郵便物，定型外郵便物です。第二種郵便物は，はがきになります。はがきの種類は，通常はがき，絵入りはがき，年賀はがき，往復はがき，エコーはがきなどがあります。第三種郵便物は郵便局の承認を受けた雑誌などの定期刊行物を低廉な料金で送付することができま

す。第四種郵便物は，通信教育用郵便物，植物種子等郵便物，学術刊行物郵便物などがあります。下記の図表は，ビジネスでよく使われる郵便の種類です。

図表3-17　郵便の種類

定型郵便物 定型外郵便物	25 g 以内　¥82-　　50 g 以内　¥92- 4 kg以内，重量により料金が異なる
書　留 簡易書留 現金書留	壊れたり，届かなかった場合に，実損額を賠償 賠償額は，原則として5万円までの実損額 現金を送付する際，専用の一般書留
料金別納 料金後納 料金受取人払	同郵便物10通以上。切手の代わりにスタンプを押す 1カ月単位で料金の一括払いができる 郵便局の承認を受け，所定の表示をした封筒やはがきを配布 受け取った郵便物等の数だけ料金等を支払
特定記録	郵便物の引き受けを記録するサービス
内容証明	誰から誰あてに差し出されたかを証明
配達証明	一般書留とした郵便物や荷物を配達した事実を証明
代金引換	配達の際，郵便物と引き換えに差出人から預かり送金
速達	重量により基本料金に加算される
レターパック	A 4サイズで4 kg以内全国一律 ¥510- または ¥360-
スマートレター	A 5サイズで1 kgまで全国一律料金で送れる
ゆうパック	30kg以内で各種目的別に特化したサービス
ゆうパケット	小さな荷物をたくさん送るのに便利
ポスパケット	小さな荷物を送るのに便利

出所）日本郵便 http://www.post.japanpost.jp/index.html（2016年1月3日閲覧）より筆者作成

5．図表の知識

　上司に説明する際，口頭で説明しても理解できない場合があります。データやグラフ化することで瞬時に頭のなかで整理され，理解されやすくなります。

(1) 線グラフ（折れ線グラフ）

　線グラフは，項目の連続的な推移を表すために用いられ，折れ線の角度から変化を図ることができます。

　例：月別売上高の推移，月別来店者数の推移

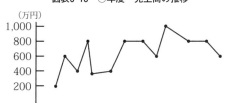

図表3-18　○年度　売上高の推移

(2) 棒グラフ

　数量の大小を比較する。値の高い項目や低い項目を判別するのに適したグラフで項目ごとの大小比較をします。

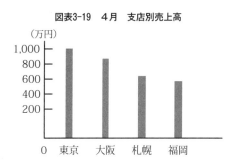

図表3-19　4月　支店別売上高

(3) 帯グラフ・円グラフ

　帯グラフや円グラフは，ともに割合の大きさをグラフに表したもので，全体に対する部分の割合や部分どうしの割合をみるのに便利なグラフです。

図表3-20　年度別製品別売上高

| ○○年 | A 30% | B 20% | C 20% | D 30% |
| ○○年 | A 40% | B 30% | C 15% | D 15% |

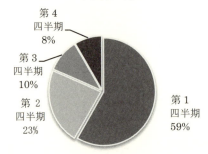

○○年売上高

引用・参考文献

- 福永弘之編著［1999］『ビジネス実務演習』樹村房
- 森脇道子編著［1995］『新版秘書実務』建帛社
- 三沢仁編著［1987］『事務／文書管理』建帛社
- 郵便料金表　http://www.post.japanpost.jp/fee/simulator/kokunai/（2016年1月3日閲覧）
- 國分浩太朗［2002］『ビジネス文書書き方・使い方必携マニュアル』大

和出版
・東京文章研究会編［1971］『手紙全書』日本文芸社
・小学館編［1998］『ビジネスお礼状・挨拶状文例事典』小学館
・安田賀計［1985］『ビジネス文書の書き方』日本経済新聞社
・三沢仁編著［1987］『事務／文書管理』建帛社

第4章 ビジネスコミュニケーション

　対人コミュニケーションの定義は「送り手と受け手が，互いの共通記号やチャネルを使い，目的とする受け手に伝達する手段であり，互いに影響し合う過程である」[1]と考えられます。

　コミュニケーションは，人と人が互いに関わろうとする活動と考えられ，対人関係において相互理解を深め，影響を与え合うなどの社会生活を成り立たせるための基本です。また，集団が存在するときは，さまざまな形のコミュニケーションが成立します。

　コミュニケーションの手段としてもっとも理解できる記号は言語コミュニケーション（verbal communication）です。コミュニケーション活動を行う際に言葉だけではなく，顔や手のジェスチャーなど，身体を用いるノンバーバルなコミュニケーションも使われます。

1. コミュニケーション

(1) 対人コミュニケーション

　コミュニケーションは情報の伝達と解されており，通常人々の思想や意見のような情報を言語によって伝達する手段です。

　対人コミュニケーションはキャッチボールにたとえられ，ボールを投げればまた投げ返すように，相互に投げ合いそのボールにどのような意図が込められているかを見極めなければなりません。

　ボールにも直球や変化球があるように，自分勝手に投げていては相手が取りづらく，またボールを掴み損なうこともあります。また，ボールを受けとる側の性格やその時の状況により，コミュニケーションがうまくいくとは限りません。

受け手に積極的に受けとろうとする姿勢がなければ,成り立ちません。それには,相互理解を深めるコミュニケーションが大切になります。

相互理解を深めるためには,コミュニケーションをとおして受け手の方向性を知ることです。受け手の差異や相違を明確にして,理解することです。

職場でのコミュニケーションがうまくいかず,ストレスに悩んでいる人が多くいます。インターネット・電子メール・携帯電話などハードな側面が,ますます充実されてきていますが,対人におけるソフトな側面であるコミュニケーションがうまくとれない人が多くいます。対人関係において,コミュニケーション不足は,さまざまな問題を生じさせています。

(2) 組織におけるコミュニケーション

我が国の雇用形態は,非正規社員の比率が4割を超え,正規社員を逆転する勢いで迫っています。会社組織の変化が表出すると,コミュニケーションをより迅速にするために,従来のピラミッド型からフラットな組織への移行により組織の活性化がなされました。

フラットな組織においては,上司や社員間のコミュニケーションが活発になり,コミュニケーションの形態が双方向になると考えられます。会社組織においては,多くの人たちが役割を分担して仕事を遂行しています。仕事を正確に遂行するためには,互いに交わされる情報と意思の疎通がなければ,組織は成立しません。

組織におけるコミュニケーションを円滑にするためには以下のことが挙げられます。

① 情報伝達　→自分自身の意思や考えを受けて上司・同僚・部下に伝え，コミュニケーションを図る。
　　　　　　客観的に正確・適切・迅速に伝えなければならない。
　　　　　　意思決定に繋がるのが情報伝達です。
② 意味形成　→相手が何を伝えたいのか内容を正確に把握する。
③ 連　　結　→疑問点や理解できないことは，質問する。
④ 調　　整　→自分が発信した情報が受け手に，正確に受け入れられたかを確認する。また，送り手が発信した情報を自分自身が理解できたかどうかを確かめる。相互理解ができなければ，職場のコミュニケーションは円滑にはいきません。

　会社内でのコミュニケーションの善し悪しが仕事に大きな影響を与えます。仕事の流れはコミュニケーションの流れであり，コミュニケーションをうまくとることにより，質の高い仕事ができます。

　コミュニケーションは，情報のみならず意思，感情を伝達，交換しあい，相互理解を深めるとともにこれらを通じて互いに共通性を築いていく過程でもあります。

　組織内でコミュニケーションが円滑に行われている場合は，職場内の相互の情報，意思などの共通性が高いといえます。

　効果的なコミュニケーションを行うためには以下のことが挙げられます。

① 目的を明確にする
② 受け手の注意を喚起する
③ 伝達の回路を明確にし，距離を短くする
④ コミュニケーションの方法，手段を相手や状況に応じて柔軟

に使い分ける
　⑤ 組織のコミュニケーションに多くの社員が参画できる場，機会を設ける

　そのためには個人ベースのコミュニケーションを職場の対人関係において大切にすることが重要となります。

(3) コミュニケーションスキル

　コミュニケーションは，人と人が互いに関わろうとする試みです。

　コミュニケーション能力とは「人間同士がお互いの共通記号を使いながら，それぞれの目的を達成し，また健全な対人関係を築き，維持していくための知識，および能力である。」[2] といわれています。コミュニケーション能力の要素として以下に挙げてみます。

1) 共感できること

　相手との共通点を見出し，お互いが理解できる話題を取り上げます。スポーツに全く興味がない人にサッカーや野球の話をしても会話は弾みません。最初は，天候などの共通点が良いのですが，「天気が良いですね」「そうですね」では話が発展しません。

　相手の話に対して，頷きや相槌を入れ，時にはオウム返しに聴くことで，話に興味をもっていることの表れになります。相手の話は，表情豊かに聴きます。無表情で聴くのではなくリアクションを取りましょう。

　リアクションは，笑ったり，手をたたいたり，首を縦に振りながら驚いたりすることです。ストレートに自分の感情を伝えることで，相手の話に共感でき気持ちよく話が進展していきます。それには，積極的に話を聴く姿勢が大切になってきます。

　①「今日は，山歩きに良い天気ですね」「一緒に行きましょう」

② 「ピクニックに行ってきました」「へ〜ぇ，どこに行ったの」
③ 相手が応えやすい質問をします
④ 聞かれたことは，相手にも聞いてみます
⑤ 「ま〜ぁ，それは良かったですね」などと共感をします

2）相手と提携し支持すること

　ビジネスの場においては，インタビューやヒアリングなどを通じて，よく聴くことで相手を知ることになり，徐々にコミュニケーションを重ねることで，信頼関係が構築されてきます。ビジネスにおいては，相手との信頼関係が構築されて始めて，相手と提携し支持することにつながります。相手との話を正確にするためには，曖昧にしないで，復唱し確認を取ることが大切です。

① 信頼関係の構築ができます。
② 復唱し「要約すると，○○ということですね」と確認を取ります。
③ ヒアリングで嘘をつかないようにします。

3）コミュニケーションの場で緊張しないこと

　人前で「あがり」緊張することは誰でも，体験すると思います。初対面の人に会ったり，会議の席でプレゼンテーションをしなければならない，大勢の前でスピーチをしなければならないと思うと緊張で頭がまっ白になってしまいますが，厚かましくふるまうよりも，謙虚にしている方が好感をもたれることがあります。顔の表情ですが笑顔を見せることで緊張感も薄れていくと思います。

① 鏡を見ながら本番のようにイメージトレーニングを重ねることで自信につながります。
② スピーチを楽しいとイメージし，上手く話をしている姿を想像します。

③ 本番前に，腹式呼吸でゆっくり空気を吸い込み，そのままゆっくり空気を吐き出します。これを繰り返すことで精神的に落ち着きます。

4) 柔軟な行動をとれること

ビジネスにおいては，縦，横の組織のつながりがあり，社内，社外や自部署，他部署などさまざまに交錯し，立場が異なると意見の食い違いが生じてきます。経営環境もスピード化され目まぐるしく変化しています。そのような環境下においては，相手の意見や立場を理解し，冷静に考え柔軟な思考と行動が必須になってきます。

① 他部署など職場内のコミュニケーションを密にし，風通しを良くしておきます。
② 意見の食い違いや立場を理解します。
③ 選択肢を多くとれる創造性を養います。
④ 最適な判断力と行動力を身に付けるために問題解決能力を養います。

5) 臨機応変に対処できること

ビジネスパーソンとして仕事をしていくなかで，毎日多くの問題やトラブルが発生します。その時々の状況に臨機応変に対処していかなければなりません。目先だけでその場をうまく取り繕うことや，話し上手でその場をしのぐことではなく，問題解決をしていかなければなりません。臨機応変に対処できるには，仕事や時間に余裕をもち，仕事の優先順位をつけます。時間がなければ相手に対してのコミュニケーションもギスギスしがちになります。

① クッション言葉をつけます。
② 誠意をもって対処します。
③ 良いストロークの言葉かけをします。

2. 敬語の使い方

敬語は大きく分けて「尊敬語」「謙譲語」「丁寧語」の3種類があります。相手の立場や役割を把握した上で敬語を使いましょう。

(1) 敬語の種類

図表4-1　敬語の種類

敬語の種類		使い方	例
尊敬語		相手の行動などを高めて直接敬意を表す	おっしゃる, いらっしゃる
謙譲語	謙譲語Ⅰ	自分をへりくだり相手を高める。相手を敬う	参る, 伺う, 拝見する
	謙譲語Ⅱ (丁寧語)	へりくだった表現のうち改まったもの	弊社, 小社
丁寧語	丁寧語	「です」,「ます」をつけて表現する	〜です, 〜ます, 〜でございます
	美化語	語句に「お」,「ご」をつける	お名前, お名刺, お＋名刺

1) 敬語の使い方

① 動詞の尊敬語

動詞　＋　〜れる，られる

　話す　→　話される，出社する　→　出社される

お(ご)　＋　動詞　＋　〜になる

　卒業　→　ご卒業になる，欠席する　→　ご欠席になる

　乗る　→　お乗りになる，出かける　→　お出かけになる

「〜する」型の動詞　→　〜なさる

　運転する　→　運転なさる

② 動詞の謙譲語

動詞　＋　〜させていただく

　　待つ　→待たせていただく，用意する　→　用意させていただく

お　＋　動詞　＋　〜する

　　待つ　→　お待ちする（いたします）

③ 動詞の丁寧語

動詞　＋　お(ご)　〜くださる

　　持参する　→　ご持参くださる，用意する　→　ご用意くださる

2) 尊敬語

　相手を敬って使う言葉が尊敬語で，相手の状態や動作を表します。ビジネスでは，上司，顧客や取引先などの人に対して使います。

　相手や相手側を高め自分や自分側を低めることです。外部に対して，目上でも自分側の場合は尊敬語で高めてはなりません。

3) 謙譲語

　相手に対して，自分や身内，社内の人など自分側をへりくだって表現する言葉です。自分をへりくだることで，相手を立てる表現です。

4) 丁寧語

　丁寧な表現で相手に敬意を表します。丁寧語の一部に美化語があります。語句に「お」，「ご」をつけることで言葉を和らげるときに表現します。

(2) ビジネスの敬語

　ビジネスの現場で敬語を使うことは，多くの人と接する機会が多いビジネスパーソンにとって，必要不可欠なことです。また，正しい敬語の使い方ができないと，知性が感じられないばかりか，相手に不快感を与えてしまうことになります。

図表4-2 ビジネスの敬語

基本	尊敬語	謙譲語
いる	いらっしゃる，おいでになる	おる，おります
行く	いらっしゃる	伺う，参る
来る	お越しになる，いらっしゃる	参る
する	なさる，される	いたす
言う	おっしゃる	申す，申し上げる
聴く	お聴きになる	拝聴する，伺う
見る	ご覧になる	拝見する
見せる	ご覧になる	ご覧に入れる
読む	お読みになる	拝読する
食べる	召し上がる	いただく
知っている	ご存じである	存じ上げる
尋ねる	お尋ねになる	お尋ねする，伺う
伝言する	お伝えになる	申し伝える
帰る	お帰りになる	失礼する
もらう	お受け取りになる	いただく
与える	お与えになる	差し上げる
会う	お会いになる	お目にかかる
思う	思われる	存じ上げる
受け取る	お受け取りになる	拝受する

出所）金井郁子［2003：93］

(3) クッション言葉

　クッション言葉は，相手への心遣いを示す表現で，依頼や注意の場合でも，会話に柔らかい印象を与え，スムーズに会話を進めることができます。
　①恐れ入りますが，お名前をお聴かせいただきたいのですが。
　②誠に恐れ入りますが，お電話を頂戴できませんでしょうか。

③ お忙しいところ恐縮ですが押印をお願いできませんでしょうか。
④ 失礼ですが，お名前をお教え願えませんでしょうか。
⑤ お差し支えなければ，ご用件を承りましょうか。
⑥ よろしければ，ご説明をさせていただきたいのですが。
⑦ ご面倒ですが，お名前をご記入できませんでしょうか。
⑧ お手数ですが，申込用紙にご記入いただけますか。

図表4-3　間違えやすい敬語

誤	正
おいでになられる	おいでになる
おっしゃられる	おっしゃる
こちら資料になります	こちら資料でございます
以上でよろしかったでしょうか	以上でよろしいでしょうか
1,000円からお預かりいたします	1,000円お預かりいたします
ご覧になられる	ご覧になる
おっしゃられる	おっしゃる
お話になられる	お話になる
メールをお送りいたします	メールを送らせていただきます
ご出席させていただきます	出席させていただきます
○○様が参られました	○○様がいらっしゃいました
この資料を拝見して下さい	この資料をご覧下さい
弊社の○○部長にお伝えします	弊社の部長の○○に申し伝えます
○○部長はおられますか	○○部長はいらっしゃいますか
○○様がいらっしゃっております	○○様がいらっしゃっています
○○様でございますね	○○様でいらっしゃいますね
以上でよろしかったでしょうか	以上でよろしいでしょうか
こちらコーヒーになります	コーヒーでございます
おタバコの方はお吸いになられますか	タバコはお吸いになりますか
ご注文の品はおそろいになりましたか	ご注文の品はそろいましたでしょうか

出所）梅嶋みよ［1988：56-62］より筆者作成

⑨ ご都合がよろしければ，お越し願えませんでしょうか
⑩ あいにくですが，月曜日は定休日でございます
⑪ せっかくですが，Ａ商品は製造しておりません
⑫ 残念ながら，そちらの商品は売り切れております
⑬ 申し訳ございませんが，その件はお断わりいたします
⑭ 申しあげにくいのですが，お願いできないでしょうか
⑮ 勝手ではございますが，お断りいたします
⑯ ご迷惑とは存じますが，お願いできませんでしょうか
⑰ 幸いにも，好天に恵まれました
⑱ ご足労ですが，明日お越し願えませんでしょうか
⑲ おかげさまで，新商品はとても評判がよくありがたいことです
⑳ ご丁寧にご連絡をいただき，ありがとうございます

3．聴き方・話し方

(1) 聴き方

① 相手の話をよく聴く
　上の空で聴くと相手はこちらに興味がないと受け取られてしまう。
② 聴いていることを態度で示す。
　頷くことで，聴いていることが相手にも分かる。
③ 話を復唱する
　大切なことは復唱することで聴き間違いや誤解を防ぐ。
④ メモを取る
　重要なことはメモをとる癖をつける。
⑤ 相手が話し終えるまで聴く
　質問があっても，話し終えるまで聴き，質問をする。

⑥ 疑問点は確認

　理解できなかったことは，確認をする。

⑦ 話を聴いている最中に，やってはいけないこと

　話を途中でさえぎる，小首をかしげる，薄笑いをする
　うなだれる，居眠りをする。

(2) 話し方

① 要点をまとめて話す

　要点を簡潔に話す。5W3Hに整理して話すとわかりやすい。

② 抑揚をつける

　声の大きさやスピードなどメリハリをつける。

③ 丁寧な言葉使い

　相手に敬語を使い敬意を表す。

④ 時には身振り

図表4-4　呼称の使い分け

	自分	相手
私	わたくし	○○様，あなた様，そちら様
自分たち	私ども	皆様，皆様方
男の人，女の人	男，女	男性の方，女性の方
会社	当社，弊社，小社，私ども	御社，○○会社様，貴社（文書の場合）
同行者	同行の者	お連れ様，ご同行の方
部長	部長の○○ ×　○○部長	○○部長，部長の○○様，○○部長(様)
社員	どの者	どちら様
考え	私見	ご高見
家	拙宅	お住まい

ジェスチャーを使うことで話が効果的になる。
(3) 接遇用語
　接遇用語は，接客する際の言い回しの言葉で，お客様に敬意を表すために使われ，適切に選択し活用していかなければなりません。最初はぎこちなくとも，使うことでスムーズに意識せずに使うことができるようになります。知識をえるだけでなく，その知識を使うことで，より良い受け答えが可能になります。

図表4-5　接遇用語

普通の言葉	接遇用語
誰ですか	どちら様でしょうか
○○会社の人	○○会社の方
ごめんなさい	申し訳ございません
今度	このたび
勤務先はどこですか	どちらにお勤めでいらっしゃいますか
後で	後ほど
いいですか	よろしいでしょうか
わかりました	かしこまりました，承知いたしました
できません	いたしかねます
わかりません	わかりかねます，存じかねます
どうですか	如何でしょうか
どなた	どちら様でしょうか
後で，さっき	後ほど，先ほど
あっち，こっち	あちら，こちら
エッ，何ですか	もう一度おっしゃっていただけませんか
誰を呼べばいいですか	誰（どの者）をお呼びしましょうか
言っておきます	申し伝えます

出所）梅嶋みよ［1988：56-62］に一部加筆作成

4. クレーム対応

(1) クレーム対応の概要

　クレームは，会社の商品についてのものや，提供するサービスに関するものもあり，クレームといっても，内容はさまざまです。

　クレームを受けない会社は，無いといっていいほどで，製品管理やサービスを社員が完璧に行っていたとしても，顧客の価値観の違いや顧客の個性でクレームが発生します。顧客から会社に対するクレームは増加傾向にあり，内容も製品不良や製品仕様への不満，使用方法のミスや社員の顧客対応のまずさなど多岐にわたり拡大しています。

　クレームの対応を一歩間違えると，会社のイメージを著しく低下させ，逆に適切な対応を取れば会社への信頼感を得ることができます。クレームを単なる苦情とかマイナスに捉えるのではなく，会社が発展するための貴重な情報源であり，商品開発やサービス向上についてのバロメーターと解釈する視点が必要です。

　顧客にとって最初は穏やかなクレーム表明だとしても，それを軽く捉えないことです。厳しい不満を現し抗議する顧客だけを対象にしてはなりません。些細なクレームでも，顧客にとっては不満をもっているのです。

　始めにどのような対応をするかで，以後のクレーム収束に重要な意味をもちます。クレームを受けた社員は，自分のミスでなくても人のせいにしたり，クレームをたらい回しにするのではなく，会社を代表して対応しているという意識をもつことです。

　クレームが何であるのか，じっくりと聴くことにより，顧客に落ちついてもらうことができ，正確に事実の確認がしやすくなります。クレームをどの仕事よりも最優先して対処します。

顧客に不安や不満を感じさせたことについて，素直に誠意をもって謝ります。

　クレームを前向きに捉え，顧客とより密接にコミュニケーションをとり，最後まで責任をもって対応すれば，会社のイメージを向上させることも可能となります。顧客の立場にたって事実を解明することにより，クレーム客が今後のお得意様となり，顧客の裾野が広がることになります。

　しかし，時には顧客の勘違いや知識不足から起こるクレームもありますが，顧客に恥をかかせない配慮も必要です。

クレーム対応の手順

クレーム	→	誠意ある対応	→	事実の確認	→	迅速処理	→	今後の改善
顧客		内容の把握		調査		納得措置		再発防止

(2) クレーム対応のポイント

1）内容を聴く（相手の気持ちを察する）

　相手が何について怒っているのか，どうして欲しいと思ってるのか，何についての苦情・クレームなのか，じっくりと冷静に聴き，相手の話を積極的に聴く姿勢を見せます。苦情・クレームを聴くなかで，話の内容に誤解や矛盾があったとしても途中で話を遮り，反論，口出しや否定的な言葉は挟まず最後まで相手の話を聴き，こちらからの説明を急がないようにします。話が終わるまでしっかりと集中し，相槌をうち，メモを取りながら聴きます。途中で言い訳をしたり口を挟んだり，反論をすることで怒りをかいます。

　クレーム内容を復唱し相手の言い分をよく聴くことで，怒りも少しは和らぎ気持ちが収まることもあります。厳しいクレームは，即，

上司に代わりましょう。

 2) **誠意をもって謝る**（こちらの非を深く認める具体的な言葉）

　受けたクレームは社員全員の仕事の責任として対応すべきで，会社全体の問題です。自分が担当でなくとも，「知りません」「わかりません」「担当ではありません」など，責任逃れととられるような発言は慎みます。どちらに原因があったとしても，まず謝ることです。こちらに非がなくても，相手を不快な気分にさせたことに対してまず謝ります。

 3) **事実の確認**（原因の把握と調査）

　事実を調べることにより原因が鮮明になります。丁寧に応対して詫びを入れるのは当然ですが，内容により自分の判断だけでは処理できないことも多々あります。

　クレームの内容により対処は，上司とよく相談をして答え，曖昧なことは言わないようにします。先輩や上司など上位者に代わることで，相手が安心する場合もあります。

 4) **迅速な処理**（前向きな姿勢と感謝の意を表す）

　顧客が求めているのは具体的な情報です。何を望んでいるのかをまとめ適切な対処を相手の立場に立って考え，何を求めているのかを知り，その期待に応えていこうと努力するのが誠意です。

　顧客の気持ちを察し原因の追究と解決策を提示します。相手に納得のいく説明をした上で，迅速に行動に移します。クレームが当社の手違いやミスによるものであることが分かった場合，弁償・商品交換・代替品の提供など，顧客へのお詫びは無論のこと，顧客が納得のいく措置を講じなければなりません。

 5) **今後の改善**（二度と起こさない努力）

　ミスがなぜ起きたのか，クレームの原因を追究し今後，同じこと

でミスを起こさないよう努めます。

どのようなクレームがきたのかなど関係部署にクレームの内容,原因,処理方法などを連絡し,再発防止について社員全員が問題意識をもたなければなりません。

6) 苦情応対の禁句

相手が言葉にデリケートになっているので,話し方や言葉遣いには十分注意をはらう必要があります。言葉だけで「申し訳ございません」と何度言っても怒りはおさまりません。次は,否定的なことばを使わないようにします。

① 否定する言葉(相手が言ったことに対して直接的に否定する)
  そんなことはないと思いますけど……,そんなことは絶対にありません,だって,でも,どうせ,おかしいですね,個人差があるんです,他の人は大丈夫ですよ。

② 話の腰を折る(相手の話を最後まで聴かず,こちらの言い分を話す)
  ちょっと待ってください,ちょっと聴いてください,
  冷静になって下さい,よく聴いてください。

③ 押し付け(自社の決まりを無理やりに押し付け,従わせようとする)
  当社の決まりになっています,うちはこのやり方です,それはお客様の勘違いです。

④ 値段のせい(値段が安いのだから仕方がないというような言い方)
  値段が値段ですから…,それは特価品です。

⑤ 聴き流す(気づかないふりをして聞き流そうとする)
  ああそうですか,そのようなことはないと思いますけど。

(3) クレームを減らすには

1) 記録する

相手が言ったことで大切なことは，必ずメモをとる習慣を心がけます。クレームを受けた日時と内容，対応方法などは必ず記録しておきます。

2) 相談する

一度でも起こったクレームは，自分だけで処理するのではなく，上司や先輩に相談します。どのような些細なクレームであっても顧客を不愉快にしたことには変わりません。次に他の社員がクレームを発生させないためにも内容を伝え，会社全体として捉え皆でその情報を共有する必要があります。

3) 予測する

仕事の流れをつかみ，先を予測し，仕事に対して問題意識をもって取り組むことで，ミスが減りクレームを防ぐことにつながります。

4) 二度と起こさない努力

なぜクレームにいたったのか原因を追求し，今後クレームが起きないようにする必要があります。軽いクレームでも何度も起こることは改善するように，職場でフィードバックすることが大切です。

5．ビジネスにおけるプレゼンテーション

(1) プレゼンテーションとは

コミュニケーションはメッセージの送り手と受け手があり，双方の伝達や理解のプロセスをとおして情報が伝わります。このようなコミュニケーションのひとつにプレゼンテーションがあります。

プレゼンテーションとは発表者から聴き手へ，最適の情報を与えることを意味し，その際，聴き手が納得し満足のいく発表をするこ

とはいうまでもありませんが、聴き手に合わせた表現の仕方や知りたいことを印象的に・理解しやすく・より効率的に伝えることです。

新製品企画が成功するか否かは、事前のマーケティングの段階で情報は入手できますが、それだけで成功するとは限りません。

その製品の存在や良さを聴き手にいかに伝え知らしめ、それを受け止めてもらうかは、発表者のプレゼンテーション能力にかかってきます。同じ企画でも、発表者が異なると良くも悪くもなり、プレゼンテーションの出来栄えでその違いが判明します。プレゼンテーションにいたるまでには、手持ちの情報だけでは説得力に欠ける場合がありますので、まず情報収集をしなければなりません。

1）情報収集のための情報源

① マスメディア情報

これはマスコミュニケーションのための媒体となる、新聞・雑誌・フリーペーパー・ラジオ・テレビ・映画などです。過去の情報としてはバックナンバー・データベースやマイクロフィルムで保管されている場合もあります。

② インターネット情報

ホームページから世界中の情報・官公庁の情報から統計資料や個人情報など幅広く情報が入手できます。

③ 人脈情報

多くの会合に参加して人脈を広げます。顧客・知人・友人・親戚など人間関係を良好にし、アンテナを張っておくと貴重な情報が入手できる場合があります。電子メール・電話・季節の手紙などの情報交換も有効です。

④ 文献情報

国会図書館・公的図書館・大学図書館（関係者としての身分証

明の提示要請）を利用しての情報収集。官公庁の情報は数字を把握するのによい。（官報・白書・統計・報告書など）以上のような情報収集の展開ができます。

2) プレゼンテーションの技法と注意点

| 基本方針・目標の明確化 | → | 情報収集 | → | 発表の文脈・展開順序 |

→ | 聴き手のニーズ・価値観 | → | インパクトある視覚ツール | →

→ | 視覚ツールの枚数確認 |

① 基本的な考え方，コンセプトを提示します。導入で聴き手の関心をひきつけるための話題を提供します。導入で話の全体像・手順を明確に伝えておきます。
② ポイントは，ゆっくりと1段階ずつ見せていき，結論は導入と関連付けられるように具体的な行動の働きかけをします。
③ 企画・提案の場合は効果を的確に示します。
④ 聴き手の疑問や混乱の表情を見逃さず，必要であれば繰り返し説明します。
⑤ 質問に対応できる準備をして，議論においても，主張を論理的に述べ，冷静な対応を心がけます。

(2) プレゼンテーションの応用

プレゼンテーション会場のセッティングも，効果をあげるためには重要な要素です。プレゼンテーションツールを選び，人数により会場はコの字型・ロの字型・教室型・V字型・卓上型などレイアウトを考えます。会議の種類としては，社外会議・社内会議（取締役会・部課長会・連絡会など）説明会・発表会・報告会・研修会・研究

会・などがあります。会議の目的は，① 情報を集める，② 情報の伝達をする，③ 情報交換をする，④ 意思決定をする，⑤ アイディアを収集するなどがあげられます。

　会議で重要なことは，会議の種類と目的は何か，何のために会議が開かれるかを十分に把握する必要があります。

　プレゼンテーションの適用範囲について，以下のものがあげられます。

図表4-6　プレゼンテーションの応用

種類	内容
商談	提案書から具体的な説明に入るプレゼンテーションまで，わかりやすい説明が必要。競争入札の際，プレゼンテーションの役割が大きい
新製品発表会	新製品のよさを対外的に認知してもらう役割
工場見学	顧客，地域住民，一般見学者に対し，商品や会社への信頼感（企業倫理）をもってもらうことが目的
入社説明会	優秀な学生を多く集め，自社に適した学生を採用する役割
社外会議	顧客や特約店などとの仕事の打ち合わせの役割。
社内会議	時間の短縮など会議の効率化と自分の提案を出席者に賛成してもらう役割
社内発表会	ZD（無欠陥運動），QC（品質管理），VE（価値分析）などの活動を動機づけにTQC*（全社的品質管理）の一環として行われる役割
社内研修会	社内で教育効果をあげるために，理解されやすい教え方
公共団体	公共団体が地元住民に対して行う説明や説得
学会	グループや個人の説を対外的に理解してもらう目的

*TQC（Total Quality Control）：品質管理を効果的に実施するために，営業，設計，技術，購買・外注，製造，検査，販売，財務，人事，全部門にわたり，経営者をはじめ担当の全員で品質管理を効果的に実施していく活動のこと。
出所）山口弘明［1997：48-52］，脇山英治［2009：14-17］に一部加筆作成

(3) プレゼンテーションの対応
1) プレゼンテーションの企画書

　企業におけるビジネス活動の場でのプレゼンテーションは，多くの情報や類似した情報が氾濫しているなか，その多くの情報のなかから必要な情報を選別しながら，企画立案していかなければなりません。

　さて，企画とはある課題に基づいて，その課題を達成するために仕事のイメージを描き，全体的さらに細部にわたる構想を練り，その提案内容および提案をまとめるに至る過程の作業をいいます。

課題　→　企画者　→　企画実施者　→　課題解決策　→　対象者　→　実施案の詳細　→　資源と運用計画　→　段取　→　企画書

　このように，5W3Hのことをふまえて企画書作成をします。

2) プレゼンテーションの仕方

　プレゼンテーションを成功させるには，話の組み立て方だけでなく，話し方にもポイントがあります。それは，発表者が醸しだす雰囲気にもあり，生き生きとした表情で聴き手を見てはっきりとした声と明るい語調で話すことです。その際プレゼンテーションの目的・会場や場所・人数・プレゼン対象者・ツール・時間などを考慮に入れて構成していく必要があります。

3) プレゼンテーションの展開方法

① 結論が先

　まず先に結論を述べ，結論に至った説明をあとからする方法です。これは結論を先にもって来るので聴き手は目的が明確になり，その後の話の展開が理解しやすくなります。発表者としては結論を先に報告したので，時間調整が容易になりますが，反面，結論を先にもってきているので，途中でなかだるみの可能性もあるため，プレゼン

ターは余程，興味を引く内容にしなければなりません。
② まず問題提起
　問題提起をまず提起して，報告は導入から順を追って構成していきます。その後，説明した後で結論へと結ぶ方法です。
　この方法は順を追っていくので内容の展開が理解しやすく，発表者としても，順序よくプレゼンテーションをすればよいので計画が立てやすくなります。

4）具体的な話し方
　① 聴き取りやすい言葉や表現にします（曖昧な表現は避ける）
　② 語尾を伸ばしたつなぎ言葉（あの～・え～・その～・いわゆる）は避けます。
　③ よくとおる声で，テンポよく，リズミカルに話します。
　④ 長い話はメリハリをつけ，センテンスを短く，間をうまく取る必要があります。
　⑤ ダラダラと区切りのない話し方は聴き苦しく感じられます。
　⑥ 流行語や略語は頻繁に使わないようにします。
　⑦ 専門用語は説明し，業界用語は相手に合わせます。
　⑧ 話す速さも聴き手に合わせることが必要です
　⑨ 自説を自信と熱意をもって語ります。
　⑩ 時間内に話をまとめます。企画・内容もさることながら，発表者はもっとも重要な要素になるため，熱意・自信・創造性などを聴き手に感じさせるようにしなければなりません。

5）プレゼンテーションの態度・服装
　プレゼンテーションは発表する内容が充実していることは当然ですが，聴き手に第一印象の視覚から訴えるインパクトは相当なものがあります。態度や服装には頓着する必要がないと思っている人も

いるでしょうが，しかし，それは大きな誤りです。

　態度で示す表示として，表情である口角・目線・目つきなどがあります。口角は下がるよりも少し上向き加減の方が明るい印象をもたれます。表情の中でももっとも大切なのは目線です。この目線のことをアイコンタクトといいますが，原稿を読むのに夢中になり，下ばかり見ていては聴き手に真意が伝わりにくくなります。

　目線は特定の聴き手や場所など一点だけに向けるのではなく，目線を送るのは，公平になるように聴き手の後方角からＺ状に順送り，聴き手の様子から反応を読み取り一人ひとりに説得するような話し方をした方が聴き手に良いと考えられます。相槌を打って欲しい場合は熱心に聴いている人を見つけ，時々その聴き手に目線を送ると安心して発表の展開ができます。

　表情は，聴き手に安心感を与えるためにも，穏やかで生き生きとして親しみやすい表情が望ましいと考えます。無表情では聴き手に伝わりにくい場合もあるので，発表の内容に合わせて変化させます。時にはダイナミックに動き演じることも印象的であり，手を使ったジェスチャーも効果的です。

　服装で好感がもたれるのは清潔感が最優先するので，埃や汚れがないか袖口・襟口や擦り切れに注意をはらいましょう。不潔であればそれだけで，プレゼンテーションを聴こうという気を失わせてしまいます。服装はセンスアップを心がけますが，業種や職種により，個性的なファッションも有効です。

　長い髪の人は，こざっぱりとまとめます。無精髭は，性格まで無精に見られるので，髭が濃い人はプレゼンテーションの前にチェックすることも大切です。

　プレゼンターの人間性が態度や服装にも現れるので十分に注意を

払う必要があります。

注
1) 白川美知子［2003］『ビジネス実務の基礎』学文社，50頁
2) 宮原哲［1991］『入門コミュニケーション論』松柏社，12頁

引用・参考文献
・山口弘明［1997］『プレゼンテーションの進め方』日本経済新聞社
・二村敏子ほか［1982］『組織の中の人間関係』有斐閣
・沼上幹［2004］『組織デザイン』日本経済新聞社
・中森三和子・竹内清之［1999］『クレーム対応の実際』日本経済新聞社
・脇山真治［2009］『プレゼンテーションの教科書』日経BP社
・森田祐治［1999］『超入門 成功するプレゼンテーション』新星出版社
・箱田忠昭［1991］『成功するプレゼンテーション』日本経済新聞社

第5章 ビジネスマナー

　会社組織になると正規社員や非正規社員など働く形態が異なり，また社員から経営層まで縦社会で構成されています。ビジネス社会で仕事を遂行していく上で，業務知識や商品知識を覚えるのは当然のことですが，社会人としてのマインドや行動が伴わなければなりません。会社を代表して多くの人と関わっていきます。その際に，これらのことをわきまえていれば，仕事がやりやすくなります。

　ビジネスマナーは，仕事をしていく上で当然身に付けていなければならない常識で，ビジネスパーソンとして修得しておかなければならないものです。今日勉強したから即，明日からできるという訳にはいかないものです。

　ビジネスマナーは知識だけではなく，自分自身の身に付けるものです。身に付けることにより，いかなる場面においても自然に行動がついてきます。

　第一に接遇応対について考察します。

　第二に訪問の際のマナーについて考察します。就職試験の際にどのように対応すればよいかも考えましょう。

　第三に電話応対について考察します。

1. ビジネスマナーの基本

(1) ビジネスマナーの基本

1) お辞儀（会釈・敬礼・最敬礼）

　正しい姿勢で足をそろえ背筋を伸ばして，腰から上半身を倒します。男性は手を両腿の横で伸ばし，女性は身体の前で両手を重ねます。

図表5-1 辞儀（会釈・敬礼・最敬礼）

会　釈	角度15° 目線2 m	軽いお辞儀，廊下ですれ違う際，部屋の入退室，人の前を通過
敬　礼	角度30° 目線1.2〜1.5m	一般的なお辞儀，朝夕の挨拶，来客の出迎え，自己紹介
最敬礼	角度45° 目線0.5〜0.9m	丁寧なお辞儀，感謝の気持ち，お詫びをする，見送り

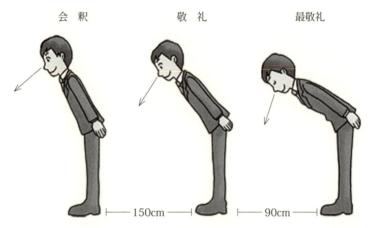

出所）井原伸允監修［1995：63］に一部加筆

2）場面に応じた挨拶

　挨拶は，ビジネスの場において最初のコミュニケーションの第一歩となりとても大切なものです。ただ単に決まり文句の発声，語尾が伸びる挨拶や覇気が感じられない挨拶では，悪い印象しか残りません。

　相手に親近感や安心感を与え，ビジネスの場において気持ちよく仕事にとりかかることができるよう，場面に応じた挨拶を心がけま

図表5-2　場面に応じた挨拶

言　葉	場　面
おはようございます	気持ちが良い朝の第一声、明るい気持ちと声で
いらっしゃいませ	会社を代表して来客に対応します
ありがとうございました	感謝の気持ちを込めて発します
はい	元気で明るく、気持ちが良い返事
申し訳ございません	「すみません」ではなく、謝罪の気持ちを伝える
かしこまりました 承知いたしました	「了解しました」は目上に不適 「わかりました」の意味
少々お待ちください	ちょっと待ってください
お待たせいたしました	待っている時間は長く感じられるので心を込めて
お疲れさまです（職場）	目上に対して使う、「ご苦労様」は目下に使う
只今戻りました（職場）	出先から帰社したときに元気よく
お先に失礼いたします （職場）	仕事が終わり帰宅するときに使う（退社時）

出所）田中篤子編［1985：48］

しょう。

3）身だしなみの基本

　企業では、職種によりビジネスパーソンの服装が異なってきます。職場でユニフォームなどに着替える場合や私服のまま仕事を遂行する場合もあります。TPO（Time 時間, Place 場所, Occasion 場合）を考え、服装で、企業のイメージを左右するために、身だしなみには十分に注意する必要があります。第一印象は身だしなみで評価されます。

　しかし、企業によっては「カジュアルデー」という名目で、週に1日、例えば金曜日はカジュアルなファッションで出勤して良い日や営業でスーツを着なくても業務に影響がなければ許可されたり、銀行員で夏場はノーネクタイで執務して良いなどがあります。東日

本大震災で電力不足に陥った際に，企業が節電した結果，エアコンの設定温度の夏場28度が徹底されたため，スーツにネクタイでは暑くて仕事の効率が落ちるのでクールビズが一気に促進され，夏場だけラフな服装を導入している企業も増えてきました。

① 男性の場合

　基本的には，スーツスタイルです。紺，茶，ダークグレイなど落ち着いた色合いを選ぶ方が無難でしょう。3つボタンのスーツは3つ目のボタンは留めません。スーツのポケットに多くの物を入れると見苦しく型崩れしやすくなります。名刺入れなどにとどめましょう。ワイシャツは，スーツにあった物を選びます。一般的に白，淡いブルー，ベージュ，ストライプなどです。ネクタイはストライプなど全体を引き締める物が良いでしょう。立派なスーツを着ていて

・TPOに応じた服装を心がけましょう
・ユニフォームは着こなし方で差が付きます。シワや汚れなど清潔感をもって着こなしましょう

・化粧は派手すぎませんか
　ナチュラルメイク

・爪は伸びていませんか

・腕時計はシンプルですか

・靴は黒、茶など服装に
　合わせます

・ハイヒールはビジネスに
　不向きです。パンプスか
　ローヒールにします

・髪は仕事の邪魔にならない
　ようにまとめましょう

・宝石が付いた大きい指輪は
　不向きです

・ビジネスの場で素足は厳禁

（イラスト　中田絢香）

も，足元を見られます。セールスの場合は，靴を酷使するのでビジネス用に2足を交代で履くようにした方が良いでしょう。

② 女性の場合

　身だしなみの基本は，清潔感です。いくらファッションやメークを頑張っても袖口や襟が薄汚れていたら，それだけで失格です。

　何事も，一朝一夕で作れないため，毎日の化粧落としや食事，睡眠時間など毎日の生活習慣を規則正しくしましょう。

(2) 接遇応対の心構え

　会社は，多くの来客が出入りしており，その来客と最初に会うのが受付です。会社を代表して来客と接する受付は，社内と社外のパイプ役を担っています。

　厳しい経営環境のなかで，専門の受付だけを採用している会社はそう多くはないかもしれません。受付と他の仕事を兼務していることが往々にしてあります。また，各部署で受付係が決められていないことがあります。このような場合，来客に気が付いた社員は，誰もが受付の役割を果たさなければなりません。社員全員が会社を代表して受付の役割も担っているという意識が必要です。来客に対しては迅速に公平で誠意ある応対を心がけます。

1) 接遇応対の心構え

① 謙虚で明朗

　いつも自然な明るい表情を心がけ，来客に謙虚な気持ちで対応します。

② 公平に接する

　多くの来客が重なった場合，先客順に対応しなければ，先に来ている来客は不愉快に思います。

③ 誠実に
　来客の立場にたって，誠心誠意の対応を心がけます。
④ 親切，丁寧に
　来客が最初に接するため丁寧に接します。来客の身になって思いやる気持ちをもちます。細心の注意を払い言葉遣いや応対には気を付けます。
⑤ 速やかに対応する
　来社されて案内するまで，時間をかけないで速やかに応対します。来社されて，名指し人に取次，応接室までの案内，お茶出し，一連の流れを速やかに応対します。
⑥ 正確に
　取次ぎなど聞き違いや言い間違いなどに注意します。

2) 接遇応対の準備

| ①応接室の整備 | → | ②応接室の準備 | → | ③茶菓の用意 |

① 応接室の整備　花・額・装飾品の手入れ，コートかけ・傘置きの用意，空調・照明・臭いのチェック，使用する備品の用意（PCなど）。

② 応接室の準備　予約しているか（予約がある場合），スケジュールの把握，来客および社内側の人数の把握，書類・資料・封筒の準備。

③ 茶菓の用意　　お茶の準備（茶葉・湯呑み・お盆・布巾など）
　　　　　　　　来客により飲み物の嗜好。

2．受付応対
(1) 受付の要領
1) 受付の要領

図表5-3　受付の対応

	対　応
予約がある	お待ちいたしておりました。名指し人に取り次ぐ （応接室を予約しておく）
予約があり遅刻してきた時	承っております（受付で待っていただく） 名指し人へ取り次ぐ
予約がない	名指し人が在席していても，在・不在は告げないで，名指し人の意向を聞く。来客の会社名・名前・用件を聞き迅速・正確に取次ぎ
一時に大勢の客	来客順に受け付ける（公平に） 待っていただく場合，椅子をすすめる 間違わないように「○○様でございますね」と確認を取りながら受付をする

2) 受付の流れ

来客がいらっしゃってからお帰りになるまでの基本的なながれ。

受付 → 取次ぎ → 案内 → 接待 → 見送り → 後片付け

図表5-4　受付の要領

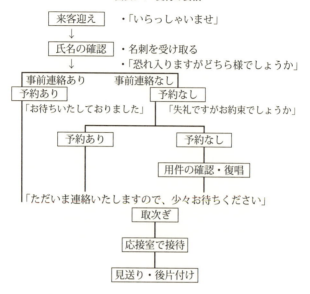

3）名刺の受け取り方

① 名刺の受け取り方

- 名刺は相手の人格のひとつです。大切に扱ってください（単なる用紙とは思わないように）。
- 名刺は両手で受け取り，会社名と名前の確認をします。名前などの読み方がわからない場合は，読み方を確認します。

- 相手の会社の名前やロゴの上に指がかからないように受け取ります。
- 複数の相手から同時に名刺を出された場合,序列が上位から下位の順に受け取ります。
- 相手の目の前で,頂いた名刺に書き込みをしない。
- 先に目下から目上の人に名刺を渡します。
- 受け取った名刺は名刺入れの上に置きます。
- 頂いた名刺は自分の左側に置きます(テーブルに着席した場合)。
- 頂いた名刺は大切に保管します(年度初めに相手の肩書をチェックします)。

② 名刺を出すとき。

- 相手より低い位置で名刺を出します。

図表5-5 名刺の受け渡し

	対 応
名刺の用意	名刺は名刺入れに入れ,男性は上着のポケット,女性はバッグの取り出しやすい場所に入れます
名刺を出す	相手の正面に立ち名刺を出します 訪問者や立場が下の人から先に出す 訪問者が複数の場合は,役職が上の人から先に出し,上司と同行の場合は,上司同士の名刺交換後に出します 名乗りながら「私,○○と申します」と出します
同時交換 (名刺を同時に出す)	名刺を同時に出した場合,立場が下の人の名刺を先に受け取ってもらい,次に立場が上の人の名刺を受けます 相手の名刺入れの上に自分の名刺を乗せ,相手の名刺は自分の左手にある名刺入れの上で受け取ります
名刺を受ける	名刺入れの上で両手で「頂戴いたします」と言いながら胸の高さの位置で受けます
読めない場合	「申し訳ありませんがお名前はどのようにお読みするのでしょうか」
名刺を出さない場合	「恐れ入りますがどちら様でしょうか」

- 名刺入れから出します(財布や手帳から名刺を出さない)。
- ポケットから名刺を出さない。
- 汚い名刺は出さない(折れ曲がったり,よれよれの名刺は出さない)。
- 複数の相手に名刺を出す場合,上位の人から下位の順に出します。

　悪い名刺の受け渡し方は,名刺を名刺入れに入れていない,名刺をもてあそぶ,相手の前で名刺に書き込む,受け渡しの時に指で文字が隠れる,名刺交換をした名刺を会社に忘れてくるなどである。

(2) 接　　待

　お茶のサービスは女性の仕事として認識されてきましたが,人件費のコスト意識から,給茶機を導入し湯飲みではなく紙コップを使用する会社や,お茶のサービスを行わない会社が目立つようになりました。

　しかし,ビジネスを円滑にする意味においても,来客にお茶を出すことは大事な仕事のひとつであり,季節に応じた一服のお茶で来客の心を和ませることになります。ただ単にお茶を入れるのではなく,気配りのあるお茶の出し方は,味も香りも数段の違いが出て,来客にもその心は伝わります。

蓋つきの湯呑でお茶を出された場合は,飲むときは蓋をそのまま横に置きます。

(本のページを開くように横に置きます。茶托にかけたりしない)

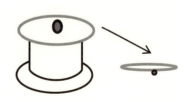

図表5-6　受付応対

事　例	対　　　応
来客を受けた	すぐに椅子から立ち上がり「いらっしゃいませ」
名刺を受けた場合	「○株式会社の○○様でございますね。○に連絡いたしますので少々お待ちください」
読み方が不明	「恐れ入りますがお名前は何とお読みすればよろしいでしょうか」
名乗らない	「恐れ入りますが，どちら様でしょうか」
名指ししない場合	内容を聞き最適な課へ連絡をとる「○○課の○○がお目にかかりますので，そちらへお越しください」
用件を聞く	「恐れ入りますがどのようなご用件でございますか」
用件を聞いた場合	「○○の件でございますね，担当に連絡をいたしますので，少々お待ちくださいませ」
担当者に伝える	「大変お待たせいたしました。応接室へご案内いたします。どうぞこちらでございます」
待ってもらう	「お待たせいたしました。あいにく○○は会議中でございます。後○分で終わる予定でございますが如何いたしましょうか」
了解を得た	「応接室へご案内いたします。どうぞ，こちらでございます」
アポイントがある	「○○様でございますね。お待ちいたしておりました。応接室へご案内いいたします」
遅刻してきた	「○○様でございますね。承っております。少々お待ちくださいませ」
断る	「大変申し訳ありません。あいにく○○は外出いたしております」
戻る時間把握	「○○時には戻る予定になっております。如何いたしましょうか」
会議中	「折角お越しいただきましたのに，あいにく○○は緊急の会議中でございまして，しばらく時間がかかると存じます。よろしければご用件を承りこちらからお電話いたしましょうか」
居留守	「折角お越しいただきましたのに，あいにく○○は外出いたしております」「お越し下さいましたことを申し伝えておきます。誠に申し訳ございませんでした」
代わりに用件を聞く	「私○○課の○○と申します。お差し支えなければご用件を承りましょうか」「よろしければ代わりの者にご用件を承らせましょうか」

3. 案　内

来客をどのように案内すれば良いのでしょうか。

図表5-7　社内の案内

	対　応
廊下の案内	来客の左右いずれかの斜め前2～3歩先を歩く 安全な側を来客に歩いてもらう
エレベータに乗る時	少人数→来客が先，後から案内人が乗る 多人数→案内人が先「開」を押し，来客が乗り込むのを待つ
エレベータを降りる時	来客が降りるまで「開」の操作ボタンを押し，来客が降りるのを待って，案内人は降りる
応接室	入室の際はノックをして，内開きドアは先に入る 外開きドアは来客に先に入ってもらい上座を勧める

(1) 案内をするときのポイント

① 行先を伝える

　案内するときは，応接室，会議室や役員室など行先を伝えます「大変お待たせいたしました。応接室へご案内いたします」。

② 数歩前を案内

　応接室まで案内するときは，来客の2～3歩前を来客の歩くスピードに合わせ誘導します。その際ゴミ箱など障害物が置いてる側を案内役が歩きます。

③ 応接室に到着

目的地に着いたことを話し，部屋が空室であってもノックをします。トイレは2回，部屋は正式には4回と言われていますが3回ノックすればよいでしょう。

・外開きドアは，ドアを開けて来客に先に入室してもらう。
・内開きドアは，ドアを開け案内者が先に入り来客を案内する。

図表5-8 エレベーター

④ エレベーターの場合

奥の中央が上座

操作盤の前が下座

- 2〜3人のお客様の場合

  乗り降りともにお客様を先に案内します。

- 複数のお客様の場合は乗る時は「お先に失礼します」と断り、先に乗り込み「開」ボタンを押し、来客に入ってもらいます。降りる時はお客様に先に降りていただきます。基本ですが、そのときの混み具合で臨機応変な案内をしましょう。

⑤ ドアの開閉の仕方

- 正しい姿勢で、胸を張って背筋を伸ばします。
- ゆっくりとした動作で手は軽く握り、中指でゆっくり3回ノックをします。
- ドアノブの対角線上にドアノブを持ちます（右に開くドアは右手、左に開くドアは左手）。
- ドアを開けたら、ドアノブを持った方の脇を締めます。肘が伸びないようにします。

図表5-9 ドアの開閉

(2) 席　順

図表5-10 応接室の席順

応接室　長いすの場合

応接室の①が上座、④が下座
来客席は長いす。1人かけが自社の社員席
お茶を出す順番は①から④にかけて出す

1人用のいすの場合

応接室の①が上座，⑥が下座の席次，お茶を出す順番も①から⑥の順位で出す

図表5-11 タクシーの場合

タクシー・自家用車

運転席の真後ろが上座，運転席の横が下座
タクシーは左のドアから開閉するため，足の不自由な人は②の座席が適当

取引先の人や上司が運転する場合

取引先や上司が運転する場合
①が上座，下座は④の座席

図表5-12 新幹線・飛行機・バスの座席

新幹線・飛行機・バスの座席

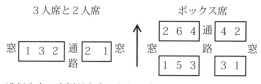

進行方向の窓側が上座になります

図表5-13 宴席の席順（社内の宴会の場合）

和室・円卓式の場合

・和室では，床の間の前が上座
・①の正面が②になる
・入口に近い席が下座

お客様を招いての接待の場合

- 接待などの場合は，同じ会社ごとに並んで座る
- 床の間の前が上座
- 上座の位置は部屋の形で変化する
- 庭園があればお客様が観ることができる方が上座

図表5-14　円卓式座席

円卓において，回転する
テーブルが用いられている場合は，料理も上座から順に回していく
主賓が席に着くまで出入り口で待ちます

(3) 見送り

面談が終わると来客を見送ります。相手の立場によっては（応接室の前，エレベータの前，玄関，車）どこで見送るかは異なります。来客に忘れ物がないか気を付けましょう。手荷物は見送る側が持ち，帰り際に渡すとより丁寧になります。

① エレベータまで見送る場合

エレベータの下「▽」ボタンを押し，もう片方の手でエレベータ内へ誘導します。エレベータのドアが閉まる際にお辞儀をします。エレベータがきっちりと閉まるまでお辞儀の姿勢を保ちます。

② 玄関まで見送る場合

玄関を出たところで最敬礼をします。来客の後姿を見送り，来客が振り返ったときに，見送り側がまだ立って居ることで，送

る側の誠意を感じとれます。
③ 車まで見送る場合
　上司と一緒に見送る場合は，上司の後方から見送ります。車のドアが閉まる前に一礼をし，車が動き出す際に最敬礼で見送ります。
④ 後片付け
　来客を見送った後は，すぐに応接室に入り忘れ物がないかチェックをしましょう。来客に忘れ物があった場合は，後を追いかけ届けることもできます。いつでも応接室を使用することができるように，応接室のテーブルや椅子などの備品の整理整頓を心がけましょう。

4．訪問の際のマナー

　他社を訪問する際は，新人といえども会社を代表して訪問しているという自覚をもって行動することが大切です。

　他社を訪問することは，相手の貴重な時間を割いて会ってもらうことなので，意義・内容のある訪問をしたいものです。電話，FAXやEメールで済む用件なのか，直接訪問しなければならないのか，適切な判断が必要になります。

　思い立ってすぐに訪問するというわけには行きません。ビジネスでは相手に会っていただくにはアポイントメントをとるのがルールです。突然訪問しても相手にも予定があり，不在や会議中であれば無駄足になります。事前に電話を入れ，相手の予定を確認した上で訪問日時を決めた方が合理的です。

(1) 事前準備

① アポイントメント（予約をとる）

アポイントメントをとる際，相手の都合を優先させることが大切です。訪問する目的，日時，面談の所要時間，同行者の人数などについて，予め電話で確認をとり了承を得ます。アポイントメントから訪問日まで日にちがある場合は，前日または当日の朝，確認の電話を入れておくと間違わずにすみます。

もし，変更しなければならない場合は，分かった時点で即，相手に連絡をとり，お詫びと変更の理由を述べ，別の日程を決めます。

年末年始や転勤の挨拶などのように，短時間で終わるのであれば，必ずしもアポイントメントの必要はありません。

また，セールスの場合は事前にアポイントメントを取りにくいこともあり，却って取らない方が良い結果に結びつく場合もあります。飛び込みで訪問した際は，お詫びと感謝の気持ちを表します。

② 面談の準備

初めて行く訪問先は，事業内容，経営方針，経営理念，主な取引先，取引銀行，新規事業内容，所在地，面談者，交通の便，所要時間などを事前に確認しておきます。また，自社のカタログ，資料，企画書，名刺などは事前に準備をしておき，商品知識を覚えておく必要があります。余裕時間を見込んで綿密な計画を立てます。

(2) 訪問の仕方

訪問する際は，予定表に行き先，帰社予定時間を記入し，上司に

報告して出かけます。訪問先で気に入られるかどうか，第一印象でその後の展開が大きく左右されます。

訪問先に到着 → 受付挨拶 → 取次依頼 → 応接室へ移動

応接室 → 名指し人と面談 → 退室 → 挨拶

1) 身だしなみ

会社を代表して訪問するのでイメージダウンにならないようにします。清潔でふけのない髪，ワイシャツ，プレスされているズボン，磨かれた靴，爪が伸びていないか，名刺入れは古びていないか，女性であればファッションは派手過ぎないかなどのチェックが必要です。

2) 受付での対応

時間厳守 → 約束時間5分前には受付に到着するようにします。万一，事故などで遅れるような場合は，遅くなる理由と到着の時間を連絡します。

コート類 → 会社に入る前にコートやマフラーなどは脱ぎ，手元でまとめ，退室の際は建物の外で着ます。
携帯電話の電源もオフにします。

取次ぎ依頼 → 受付で自分を名乗り名刺を出します。会社名，氏名，訪問相手の部署，役職，名前，用件，アポイントの有無などを伝えて取り次いでもらいます。

3) 応接室

応接室 → 案内されたら，下座に座る。最初から案内されないのに上座には座らないほうが無難です。

名刺交換 → 立ち上がり，訪問した方から名乗り名刺は両手で出します。交換する相手が複数の時は，地位が高い人順に交換します。テーブルの上に置き，名前

		を覚えてから名刺入れに納めるか，覚えきれない人数であれば，席順に合わせテーブルの上に名刺を並べて置いて置きます。
手 荷 物	→	カバンはテーブルやソファの上には置かない。ソファの側面に置くか足元に置く。コート類は畳んでソファの隅に置きます。ライバル会社の製品を持ち込まない配慮が必要です。
名指し人が現れたら	→	椅子から立ち上がり丁寧に挨拶をします（ノックの音がしたらすぐに立ち上がり椅子の横に立つ）。
紹介の仕方 （左が先に紹介する）	→	目下の人・年下の人　→　目上の人・年長者 社内の人　→　社外の人 社内で役職が下　→　社内で役職が上 男性　→　女性（地位や年齢など立場が同じ場合） 「ご紹介させていただきます。私どもの営業部長の○○でございます」 「こちらがいつもお世話になっております，△△社の□□部長様です」
喫　　　煙	→	応接室において喫煙を許している企業はまずありません。他社訪問の前に喫茶店などで済ませておきましょう。

4）訪問の締めくくり

退　　　席	→	面談者に貴重な時間を費やしてもらった感謝の意を述べます。 「本日はお時間をいただきまして，ありがとうございました」。
帰 社 ま で	→	商談などで書類を携帯した場合，車中の網棚等に

		は絶対に置いてはいけません。手元で保管します。
上司へ報告	→	訪問した結果を上司に報告。口頭で報告する場合と文書による報告があります。
名刺整理	→	日時，場所，用件，特徴を書込みます（次回訪問の為）。

(3) 就職試験

　総務省の労働力調査によると，完全失業率が2014年は3.6％，2015年はさらに減少傾向にありますが，非正規社員の比率が年々上昇し，約40％に達しました。

　このような企業環境のなかで，新卒就職戦線は大きく様変わりし，日本経済団体連合会のガイドラインによると，2016年度採用から広報活動開始時期を3月1日以降，採用選考活動開始時期を8月1日以降に採用のスケジュールが変更となりました。しかしながら，79.3％の学生が採用スケジュール変更はマイナスの影響が大きかったと述べています。理由としては「暑い時期に就職活動をしなければいけない」「学業の妨げになった」などを挙げています。スケジュール変更は，学業の妨げになるので12月から3月に変更したはずではなかったかと思います。来年度はさらに現況の8月から6月に変更の予定とありますが，企業側は株主総会と重なるのではないかと懸念します。就職試験の時期が定着するには，時間がかかりそうです。

　難関を乗り越え，就職しても入社から3年以内に32.4％の新卒者が離職するというデータが出ています。真剣に就職先を選び，入社したらよほどの覚悟をもって仕事に就いてもらいたいと考えます。

　少しは売り手市場になったとはいえ，希望する就職先の試験を受

けても，書類選考，一般常識試験などで受験者数が絞り込まれ，面接にたどりつくまでに相当数がふるいにかけられます。このように，就職戦線を突破することは並大抵のことではありません。

それだけに就職試験で面接が決定的に重要な役割を担っています。プロフェッショナルな面接官は，受験者に矢継ぎ早に質問をして，受験者を窮地に立たせる場合があります。

質問に対する回答はもちろん大切ですが，面接官は受験者の人間性を素早く読み取ろうとしています。

面接官は「身だしなみ」「態度」「挨拶」「言葉遣い」「表情」「心情」「意欲」「時事」「一般常識」「専門知識」など多くのことをチェックします。緊張しないで，自己を平常心に保つための心構えとして，以下のことに留意します。

① 企業の詳細な情報を入手しておく。
② 日頃，新聞で時事を勉強する。
③ 質問を想定し模擬演習を試みる。
④ 事前に服装・持ち物のチェックをする。
⑤ 時間に余裕をもって試験会場に行く。

さらに，より理解しやすくするために，マナー面での具体例を挙げてみます。

1）身だしなみ

面接官に好感を与え，良いイメージを醸し出す必要があります。その第一は服装の身だしなみや着こなしです。具体的にはヘアースタイル・化粧・服装は面接試験にマッチしたものを選び，身軽で清潔感が必要です。身につける服装が気に入らなければ，そこにばかり神経が行き面接に身が入らない場合があるので，注意をはらう必要があります。

面接の際に必要な身だしなみの基本は，人に不快感を与えないように身なりなどを整えることです。特に注意する点を次に挙げてみます。

女　性
・自分にふさわしいファッションを心がけ，超ミニスカートは場違い。
・ストッキングはよく伝線するので予備を用意。
・茶髪など染めた髪は元に戻した方が無難。
・長い髪は挨拶したときに前に落ちないように後ろでまとめる。
・前髪は眉毛に掛からないように上げるか横に流すなど工夫する。
・アクセサリーは，基本的には腕時計ぐらいでよい。
・靴のヒールは3～5cmのパンプスが歩くのにも安定している。
　身だしなみとは，面接のときだけ身なりを整えることではなく，日頃から自分の身だしなみをチェックする習慣を身につけておくことが重要です。

男　性
・清潔な服装で，スーツの色はグレー系・紺系が落ち着いた雰囲気を醸し出してくれる。
・スーツの下のワイシャツは原色を避け，スーツにマッチしたものを選び，ズボンはきっちりとプレスをする。
・ヘアースタイル（洗髪・鼻毛・髭）を整え，長髪はさけた方が無難。他人に不快感を与えないように細部にわたってチェックをして，人前に出るように心掛がける必要があります。またスーツを基調に（ワイシャツ・ネクタイ）した服装を身につけます。意外と盲

点になるのが，靴下のゆるみ，靴の汚れです。

 2) 態　　度

　面接試験前日は暴飲暴食を避け，充分な睡眠・休息をとり，疲れた顔をしないで，生き生きとした表情で面接にのぞみましょう。当日，控え室にいるときも，落ち着いた態度で静かに名前を呼ばれるのを待ちます。友人と話ばかりしていると，悪い方で目立ってしまう場合があります。

　面接中は椅子に深く腰掛け，両手はひざの上で軽く組み（男性は両足の腿に置く），背筋を伸ばし椅子の背には寄りかからないようにします。ソファの場合は浅く腰掛け膝頭から下は下座へ流すように揃えます（男性は両足を少し開いた方が安定感がある）。

　顔は正面を向き，目線は面接官の顔から胸までに置けばよく，複数の面接官の場合は質問者の方へ顔を向け応答します。下やよそを向いていると，やる気がないとみなされます。

 3) 挨　　拶

　面接だけが，試験ではありません。面接会場に一歩足を踏み入れたら，誰から見られているかわかりません。受付，トイレや控え室の評判もチェックされる場合もあります。

　面接室に入室する際は，軽くノックをして会釈で「失礼します」と声を掛け入室をします。面接官の前で大学名・学部・学科・名前を名乗り，「よろしくお願いいたします」と敬礼で挨拶をします。終われば最敬礼で「ありがとうございました」，退室の際も会釈で「失礼します」と挨拶をします。

　挨拶は特に一朝一夕では身につきません。会釈・敬礼・最敬礼の使い分けをして，日頃から挨拶を心がけることが大切です。

4）言葉づかい

　前述しているとおり，敬語の使い方では尊敬語と謙譲語の区別を明確にして間違えないようにします。声が小さいと消極的とみなされ，面接に対する熱意が感じられません。大きな声ではっきりと，早口にならないようにします。難しい言葉や紛らわしい言いまわしを避け，自分が理解できる平易な言葉で，主張したいことを述べます。

　他には志望動機・自己PR・学生生活についてなどは紙に書いてまとめておき，それをしっかりと伝えられるように，声に出して練習しておくことが重要です。

　以上述べてきましたが，面接で積極性・協調性・創造性・理解力さらに人柄を見られるので，常に自己啓発が必要です。

5．社会人としての電話応対

　電話に出るときは，常に「会社の代表」として電話対応をしているという意識をしっかりと持つ必要があります。電話の第一声で会社の背景が手に取るように分かるものです。電話応対をいい加減にしていると多大な損失を被ることにもなりかねません。電話を受けながら，だらしない格好やふんぞり返った格好で電話をする人がいますが，相手にその雰囲気は伝わるものです。

　電話だからどのような格好でも相手には見えないというのは間違いです。相手の顔が見えないからこそ電話の基本を忘れないようにしたいものです。

　電話は用件を伝えあうもので，伝達の簡潔明瞭さが要求されます。電話をかけるときや受けるとき，また担当者に取り次ぐときの要領の良さは不可欠です。取り次ぎに手間を取ると相手に不愉快に感じられ非効率的です。要領の悪い取り次ぎをされると，最終的に何度

も同じ内容を繰り返さなければならないし，答えが出るまでに時間がかかります。まず，電話を受けた人は，相手の趣旨を速やかに把握することが大切です。

(1) 電話応対の基本
1) 電話応対の重要性
電話応対の良し悪しで会社のイメージが決まってきます。

電話応対は取引の第一歩になります。今後の商談へスムーズに進められるかどうかは，電話応対の巧拙にかかっているといっても過言ではありません。

2) 電話応対の基本（正確・簡潔・丁寧）
① 丁寧な口調

早口では聞き取れません。わかりやすく聞き取りやすい言葉で話し，日頃の会話よりも少しゆっくり，はっきりと聞き取りやすい口調で話しましょう。

② 数字，人名，地名などや同音語については，とくに聞き違いのないように，言い換えて間違いを避けます。

③ 適当な相槌を入れる

相槌を入れることで，理解していることを表します。

④ 癖になっている言葉に注意する

「しかし」「やっぱり」「一応」「結局のところ」など。

⑤ 記録をとる

記憶にとどめるのではなく，必ず記録をする習慣を身につけてください。会話の内容をメモに残し，相手との確認をとります。

⑥ 率先して出る

ベルが鳴り始めて2回以内に電話に出ます。相手を待たせるの

ではなく率先して電話に出ましょう。
⑦ 電話のたらい回し
　担当外の電話応対についても，たらい回しにならないように対応します。
⑧ 通話中は静かに
　通話中は，周囲の騒音や雑音を電話に入れないようにします。
⑨ 通話中に他のことはしない
　他のことをしながらの電話は相手に伝わります。
⑩ 部署内の社員を把握する
　名指し人の行動は部署内の予定表に，外出か出張など記入されており，席を外している場合は戻りの予定時刻を相手に伝えます。
⑪「保留」ボタンの活用
　取次などで相手を待たせるときは，短時間であっても保留ボタンを押すようにします。保留にしていないと電話の周りの声が筒抜けになり，セキュリティ上問題となります。
⑫ 通話が終わってもすぐ切らない
　すぐ「ガッチャン」と切らない。相手が切ってから，静かに受話器をおきます。
⑬「もしもし」は，ビジネスでは使わない
　「～お代わりいたしました」などと言うようにします。
⑭ 人名，地名などわかりにくいので，「山川の山，田んぼの田で山田と申します」のように具体的に伝えます。
⑮ 紛らわしい数字の場合
　1（イチ），7（ヒチ）→1（ヒトツ），7（ナナ）
　4日（ヨッカ），8日（ヨウカ）→4日（ヨンニチ），8日（ハチニチ）

⑯ 発音をはっきりと語尾を明瞭に伝えるようにします。「〜です」「〜でございます」など語尾を曖昧にしないではっきりと伝えます。
⑰ 記録する習慣をつけます。机上には，メモ用紙，筆記具，ミニカレンダーを常備します。

(2) 電話の受け方
1) 電話の受け方のながれ

①電話に出る → ②名乗る → ③確認 → ④挨拶 → ⑤用件を聞く → ⑥復唱する → ⑦挨拶電話終了

① 電話に出る　　ベルは2回以内に出ます。3回以上は「お待たせいたしました」。
　　　　　　　　受話器は左手，右手（利き手）でメモをとります。
② 社名を名乗る　受話器をとったら，直ちに名乗ります。
　　　　　　　　明るい声で「おはようございます。○○（会社名）でございます」。「もしもし」は言わない。
　　　　　　　　相手が名乗らない場合は，こちらから尋ねます。
③ 相手を確認　　「おはようございます。△△（会社名）の○○様でございますね。いつもお世話になっております。」
④ 挨拶　　　　　明るい声で挨拶をします。
⑤ 用件を聞く　　相手の用件を正確に聞きます。
　　　　　　　　わからないことがあれば質問をします。
⑥ 復唱　　　　　聞き洩らしや聞き違いをなくすために，メモ用紙に5W3Hを基に書き込み，重要な事柄，人

　　　　　　　　名，地名，数字などは「復唱させていただきます」と，復唱し確認を取る。
⑦ 終わりの挨拶　「ありがとうございました」
　　電話終了　　相手が電話を切った後に静かに受話器を置きます（基本は，電話をかけた方が先に切る）。

2）電話を受けた際の話し方
① 11時までにかかってきたとき
　「おはようございます。○○（会社名）でございます。」
　「はい！お電話ありがとうございます。」
　会社により名乗り方のルールがあるので合わせます。
② 名指し人が自分のとき
　「○○でございます。お世話になっております。」
③ 相手が名乗ったが聞き取れない
　「恐れ入りますが，もう一度お名前をお願いできますでしょうか。」
④ 相手が名乗ったとき
　「○○（会社名）の○○様でいらっしゃいますね。」
⑤ 相手が名乗らないとき
　「失礼ですが，どちら様でしょうか。」
⑥ 相手の声が聞き取れないとき
　「恐れ入りますが，もう一度お願いいたします。」
　「申し訳ございません。もう一度お聞かせ願えませんでしょうか。」
　「恐れ入りますが，お電話が少し遠いようでございます。」
⑦ 用件を聞くとき，相槌を入れながら要点をメモする
　「さようでございますか。」「〜ということでございますね。」
⑧ わからないことがあるとき
　「私ではわかりかねますので担当の者に代わります。少々お待

ちいただけませんでしょうか。」「調べまして後ほどご連絡申し上げますが如何でしょうか。」
⑨ 早口でよく聞き取れなかった
「～ということでございますね。」
「恐れ入りますがもう少しゆっくりお願いできませんでしょうか。」
⑩ メモを見ながら復唱する
「確認させていただきます。～ということでございますね。」
「復唱させていただきます。～ということでございますね。」
⑪ 最後に所属部門と名前を名乗る
「私，総務課の○○と申します。確かに承りました。」

(3) 電話の取次ぎ（名指し人）のながれ

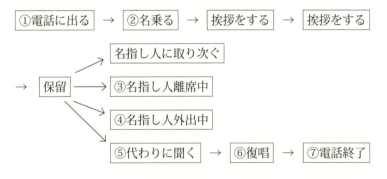

① 電話に出る	相手を待たせないよう迅速に取り次ぎます。
② 名乗る	「○○課でございます」名指し人に取り次ぐときは保留ボタンを押します。
③ 名指し人が離席中	名指し人が席にいないときは，その旨を

	告げて，素早く探します「申し訳ありません，○○は只今席を外しております。戻り次第こちらからお電話いたしましょうか。」
	「申し訳ありません○○は只今席を外しておりまして，5分ほどで戻ると思います。如何いたしましょうか。」
④ 名指し人が外出中	名指し人が外出中の場合は，帰社予定日時を知らせます。
	「申し訳ありません，○○は只今，外出いたしりおります。戻り次第こちらからお電話いたしましょうか。」
	「申し訳ありません，○○は只今外出いたしておりまして，午後3時には戻る予定になっております。如何いたしましょうか。」
⑤ 代わりに聞く	「私○○と申しますご用件を承りましょうか。」
⑥ 復唱	「復唱させていただきます。」5W3Hを基にメモを読みながら復唱します。再度，所属部署や自分の名前を名乗ります
⑦ 電話終了	「ありがとうございました。」

図表5-15 電話連絡メモの例

電話連絡メモ
① ○○○様　　　② ○月○日(○曜日)午前・午後○時○分
③　　○○会社　○○様　よりお電話がありました。
④用件　□お電話ください（番号○○○-○○○○） 　　　　□また電話します 　　　　□電話があったことを伝えてください 　　　　□伝言は以下のとおりです   　　　　　　　　　　　　　　　　　　　　　　⑤受付　○○

① 名指し人の名前を書きます。

② 電話を受けた日時。○時○分。

③ 相手の会社名，部署名や名前を記入。漢字が分からなければ片仮名で書きます。

④ 電話をくださいと依頼された場合は，先方の電話番号を書きます。

　伝言は簡潔に５Ｗ３Ｈを参考にしながら書きます。

⑤ 電話を受けた人の名前。名指し人から質問されることがあるので必ず記入します。

(4) 電話のかけ方のながれ

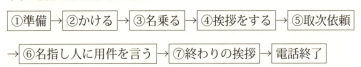

① 準　　備	必要な書類をそろえます（関係資料を用意しておけば安心して電話をかけることができる）。
	用件のポイント，順序を簡単にメモしておきます。
② か け る	番号は間違えないように確認してかけます。
	会社名，所属名，役職名，氏名を確かめます。
③ 社名を名乗る	「○○（会社名）の△△でございます。」
④ 挨拶をする	「いつもお世話になっております。」
⑤ 取次の依頼	「恐れ入りますが○○様をお願いいたします。」
	部署と名前を告げ呼び出してもらいます。
⑥ 名指し人	「および立ていたしまして恐れ入ります。」
用　　件	５Ｗ３Ｈを基に用件をまとめ，メモを見ながら順序良く的確に話します。名指し人が不在の場合は，「かけ直す」「折り返しの電話をもらう」「伝言を頼む」「また後ほどお電話をいたしますので，どうぞよろしくお願いいたします」などを伝えます。伝言を頼んだら，その人の名前を聞きます。「失礼ですが，どちら様でいらっしゃいますか。」
⑦ 終わりの挨拶	「よろしくお願いいたします。」
電話終了	「ありがとうございました。」

(5) 携帯電話

1) 携帯電話の基本

　携帯電話は，外出先でも使うことができ，ビジネスにはなくてはならない便利なものですが，使い方をわきまえないと相手に迷惑が

かかることがあります。

　また，会社から携帯電話を支給されている場合は，勤務時間中は電源を入れこまめに留守電のチェックをします。

　周りに迷惑がかからないように，マナーモードか音量を自分で気がつく程度の最小に設定します。会社の支給なので，公私のけじめをつけ，私用には使わないようにします。

　個人用の携帯は，勤務時間中は電源をオフにするかマナーモードに設定しておきます。会社用と兼用の場合は，勤務時間中は個人の用件は差し控えます。

　相手の携帯電話にかけて良いときは，相手から携帯電話にかけて欲しいと依頼された場合や，緊急に連絡を取らなければいけない場合や相手が外出していて，相手の会社の方の了解を得た場合などです。公私の使い分けをして，携帯電話のマナーを守りましょう。

2) 携帯電話の注意点

① 電源を入れっぱなしにしない

　　会議中や打ち合わせ中に携帯が鳴り，そのたびに離席し携帯電話に出るのは，会議や打ち合わせの妨げになり，参加者に迷惑をかけることになります。緊急以外は，会議中や打ち合わせ中は電源を切ります。

② 急に圏外になるときがある

　　仕事中は固定電話を使う方が無難です。場所によっては突然圏外になり通話が切れてしまうことがあります。しかし，出先からかける場合は会社から支給されている携帯電話を使うことが往々にしてあります。その際は「携帯から失礼します」とひと言断った方が良いでしょう。

③ 気軽にかけない

　相手の携帯電話にかけるときは，会社の勤務時間中にかけるのがマナーです。緊急以外は早朝や夜中は避けなければなりません。

　相手が話せる状態にあるかどうかの確認をとった上で，通話を続けましょう。

3) 携帯電話の受け方・かけ方

① コール音

　着信音はビジネスにふさわしいコール音にする。

② 携帯電話が禁止されている場所

　病院，飛行機，電車，図書館，会議中，車の中，公共の場などではルールを守ります。携帯電話は，電源をオンしているだけで電磁波を発し，ペースメーカーなどの医療機器や飛行機の計器類にも影響を及ぼすといわれています。携帯電話の使用が禁止されている場所では厳守することです。

③ 相手の都合を聞く

　名指し人が電話に出たら真っ先に「只今，お電話よろしいでしょうか」と確認しましょう。

④ 結論から先に話す

　携帯電話は，電波の状況で聞こえにくいこともあるので，用件はまず結論から先に話しましょう。

⑤ メモが必要な場合は配慮を

　名指し人が出先で受ける場合があります。その際メモが取れる状態でないかもしれません。複雑な内容の場合は再度，固定電話に連絡した方が無難です。

⑥ 静かなところでかける

　雑音がない静かな場所を選んでかけます。誰が聞いているとも限りません。会社の内部情報や個人情報など，どこで情報が洩れるかわかりません。外出先で使用する際は場所を考えてかけます。

⑦ 非通知でかけない

　非通知でかけると相手に警戒心を与えてしまい，携帯電話に出てもらえないことがあります。

4) SNS（Social Networking Service）の注意点

　身近なコミュニケーションツールとして，ほとんどの学生に利用されているSNSですが，近頃は会社でも使用されています。便利なツールではありますが，アカウントの不正利用，ウイルスや詐欺などの被害が発生しています。

　また，ちょっとした悪ふざけの投稿が，学校や企業を巻き込んだ事件にまで発展した例もたびたび起きています。SNSで発信した情報は，仲間内だけでなく不特定多数の目に触れる可能性があります。投稿する際には，勤務先の機密情報やプライバシー侵害，誹謗中傷に当たらないかなどを必ず確認しておきましょう。

① 他人にアカウントを乗っ取られないようアカウントを管理徹底しましょう

② プライバシーに関する話題や誹謗中傷は訴えられる場合もあります

③ 位置情報がついた写真を掲載すると住所まで把握されてしまいます

④ 個人のプロフィール情報や投稿が第三者に見られないようにしましょう

参考文献
・森脇道子編著［2011］『ビジネス実務総論』実教出版
・井原伸允編著［1995］『秘書概説』学文社
・田中篤子編［1985］『秘書実務』嵯峨野書院
・福永弘之編著［1999］『ビジネス実務演習』樹村房
・藤本ますみ編著［1994］『秘書学概論』ミネルヴァ書房
・増田卓司ほか［2003］『ビジネス実務の基礎』学文社

TBL (Team Based Learning):チーム基盤型学習

 本科目は,各章1コマで計5コマ分のTBL (Team Based Learning)をとり入れています。社会人基礎力で「前に踏み出す力」,「考え抜く力」,「チームで働く力」の3つの能力が挙がっていますが,それらを育成するには,TBL (Team Based Learning):チーム基盤型学習をとり入れた教育が最適ではないかと考えます。

 学生の自発性・積極性・自律性といった自らの思考を促す能動的な学習で,現実をシミュレーションして問題の解決に取り組むという授業形態を行います。以下が1コマ分の授業モデルです。

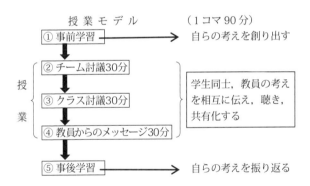

チーム討議の進め方
(1) 役割決め
進行係:議題を明確に示し,メンバー全員から意見を出してもらう
　　　 進行係も発言して良いが,基本的にはメンバー全員から幅広く意見を集めることに徹する。

時間係：時間配分に沿って，時間の経過を進行係に報告する役割。
　　　　個々の議題の所要時間の4分の1経過時ごとに報告する。
　　　　時間管理だけに専念せず，発言も積極的に行う。
記録係：議事に沿って何を議論したかを，要点のみ記録する役割。
　　　　発言を全て記録する必要はない。要点やキーワードを記録。
　　　　記録だけに専念せず，発言も積極的に行う。
発表係：積極的に発言をしてチーム討議を活性化させる。
　　　　討議の内容をクラスに報告する役割。

(2)　チーム討議の進め方
① 人の発言を一切批判しないで，自由に発言しあう雰囲気づくり。
② 固定観念にとらわれない発言。
③ 発言は質より量で，全員がまんべんなく多く発言する。
④ 話題を発展させるため，他のメンバーの発言に便乗する。

(3)　クラス討議の進め方
① 各チームの発表者にチームのまとめを話してもらう。
② 各チームの発表終了後，質疑応答に入る。

(4)　教員のまとめ
チーム討議，クラス討議の後，教員がまとめていく。

事前学習
①バイト先や社会人の会話を注意して聴く。②家族や友人などから話を聴く。

事前学習のまとめ

事後学習
①バイト先や社会人の会話を注意して聴く。②家族や友人などから話を聴く。

事後学習のまとめ

ルーブリック評価を応用した彼我比較をしやすいツール

	考えをもつこと	考えを伝えること	考えを聞くこと	考えを振り返ること
レベル1	事前学習が不十分で，自分の考えを持てていなかった。	自分の考えを伝えることはできなかった。	相手の考えを聞いていなかったり，ほとんど理解していなかった。	学び合ったことをメモしていなかったり，もう一度自分の考えを見直すことはしなかった。
レベル2	事前学習を基盤にして自分の考えを持っているが，教員やチームメンバーが分かるように受講ノートに表現できなかった。	自分の考えを伝えているが，原稿を見るのに気を取られ，相手をしっかりと見て相手にわかるように伝えられなかった。	相手をしっかりと見て相手の考えを聞き，その考えを概ね理解できた。	学び合ったことをメモしているが，もう一度自分の考えを見直しはしなかった。
レベル3	事前学習を基盤にして自分の考えを持ち，教員やチームメンバーがわかるように受講ノートに表現できた。	自分の考えを，相手をしっかりと見て相手に分かるように伝え，相手がわかったか確かめることができた。	相手に対して表情豊かに（肯定的な表情やあいづちをうって）応対し，相手の考えていることを理解することに努めた。	学び合ったことをメモして，もう一度自分の考えを見直したが，あまり高まりがなかった。
レベル4	事前学習を基盤にして自分の考えを持ち，教員やチームメンバーがわかるように，理由や考えの根拠を，エピソードを交えながら受講ノートに表現できた。	自分の考えを，相手をしっかりと見て，理由や根拠を，エピソードを交えながら相手に分かるように伝え，相手がわかったかどうかを確かめることができた。また，相手から質問があった場合，適切に応対できた。	相手に対して表情豊かに（肯定的な表情やあいづちをうって）応対し，わからないことを質問したりして相手の考えていることを理解するとともに，自分の考えと相手の考えの違いを認識することができた。	学び合ったことをメモして，もう一度自分の考えを見直し，より良い考えに高めたり，他者の視点をとりいれ多面的な見方に広げたりできた。
レベル5	事前学習を基盤にして自分の考えを持ち，教員やチームメンバーがわかるように，理由や考えの根拠を，自分だけではなく他者の視点からのエピソードを交えながら，受講ノートに表現できた。	自分の考えを，理由や根拠を交え，相手が理解できる言葉づかいや説明の仕方で伝え，相手がわかったかどうかを確かめている。また，相手から質問があった場合，適切に応対でき，その質問から気づいたことをもとに，さらに議論を発展させることができた。	相手に対して表情豊かに（肯定的な表情やあいづちをうって）応対し，わからないことを質問したりして相手の考えていることを理解するとともに，相手の考えの良さを取り入れ，自分の考えを深めたり広げたりすることができた。	学び合ったことをメモして，もう一度自分の考えを見直し，より良い考えに高めたり，他者の視点をとりいれ多面的な見方に広げたりするとともに，自分の考えがどのように高まり広がったのかについても気づくことができた。

（出典）大橋健治＝天野緑郎［2015］『内省をうながす授業〜アクティブ・ラーニング再考〜』筑紫女学園大学・筑紫女学園短期大学第10号紀要，207頁引用

資　料

1．美味しいお茶の入れ方

（3人分）	茶葉の量	湯の温度	湯の量(1人)	浸出時間
煎　茶	6g 大匙2杯	70〜80°	80mℓ（7〜8分目）	40秒〜1分
玉　露	9g 大匙山盛り2杯	50〜60°	20mℓ	2分
番茶・ほうじ茶・玄米茶	10g 大匙山盛り2杯	熱　湯	120mℓ	30秒

　茶を注ぐ前に，湯呑みと急須は湯を入れ温めておき，湯は捨て急須に茶葉と適温の湯を注ぎ，茶の濃さが均一になるように2〜3回に分けて湯呑に注ぎます。最後の一滴まで注ぎましょう。旨みが残っています。

(1) おいしいお茶の入れ方（数回に分けて注ぐ）

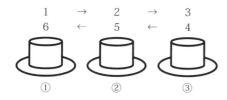

(2) 茶菓の出し方の注意点

①湯呑の口の欠け，ひび，茶渋などのチェック。

②茶托と湯呑のそこは拭いて，運ぶときは布巾の用意。

③応接室のドアはノックをして入室する。

④ 来客の上位者から出す。菓子がある場合は菓子から先に来客の左側，茶は右側に出す。
⑤ 湯呑や茶托の絵柄が来客の正面に来るようにし，茶托の木目は横になるようにする（木目があるお盆も同様）。

(3) お茶の出し方

ノックをして入室
↓

お茶を出す
↓
会釈をして退室

- お盆はサイドテーブルに置き，上座から順に下座まで1人ずつ両手でお茶を出します。
- サイドテーブルがない場合は，片手でお盆を持ち，もう一方の手でお茶を出します。
- 応接室でサイドテーブルがない場合は，電話台やデスクを利用してお盆を置く。
- 蓋つきの湯のみは，正面がどこにあるのかを確認して出します。
- 湯呑の内側に柄があれば見える位置が正面
- コーヒーカップの取手が右か左かで，迷っている人もいるでしょう。
- 以前は，右側取手が米国式。左側取が欧州式と言われていましたが，柄がある方を正面にすればどちらでもよいのです。

2．社会人としての電話応対

(1) 電話取次の話し方

① 名指し人が外出したとき
　「申し訳ございませんが，あいにく○○は外出いたしております。」

「あいにく○○は外出いたしております。私△△と申しますがお差支えなければご用件を承りましょうか。」
　「○○は只今外出いたしております。△△様からお電話を頂戴いたしましたら，私□□が代わりにご用件を承るように申しつかっております。」
② 戻る時間が分かっている場合
　「○○は只今外出いたしております。△時頃戻る予定になっております。」
③ 直帰する場合
　「○○は出先からそのまま帰宅するようになっております。」
④ 帰宅した場合
　「本日はすでに退社いたしました。」
⑤ 会社を辞めた場合
　「○○は（△年△月をもちまして）退社いたしました。」
⑥ 休暇をとっている場合
　「○○は△日まで休暇をとっております。」
⑦ どちら様
　「恐れ入りますが，どちら様でいらっしゃいますか。」
⑧ 同じ苗字が2人いる場合
　「○○は2人おります。△△部と□□部におりますが，どちらにおつなぎいたしましょうか。」
⑨ 名指し人の電話がもうすぐ終わる
　「あいにく○○は他の電話に出ております，間もなく終わりそうですので，少々お待ちいただけますでしょうか。」
⑩ 折り返しご連絡ください
　「誠に恐縮でございますが折り返しご連絡いただけますでしょうか。」

⑪ 担当者の名前
「ご担当者のお名前をお教えいただけますでしょうか。」
⑫ 待たせる時
「お調べいたしますので，少々お待ちいただけますでしょうか。」
⑬ 長くかかる時
「お調べするのに時間がかかっております。○分程お待ち願えませんでしょうか。」
⑭ 折り返し電話
「時間がかかりそうなので，こちらからお電話をさせていただいてもよろしいでしょうか。」
「申し訳ございません。○○は，只今，他の電話に出ております。しばらくかかりそうですので，終わり次第お電話をさせていただきますが，如何いたしましょうか。」
⑮ 相手の電話番号を聞く
「念のためにお電話番号をお教えいただけますでしょうか。」
⑯ 詳しい者に代わる場合
「他に詳しい者がおりますのでお代わりいたします。」
⑰ セールスの電話を断る
「お断りするように申しつかっております。」
「せっかくですがお断りいたします。」
⑱ 知らない相手からの電話に出る（取り次がれた電話にでる）
「お電話代わりました。○○を担当しております△△と申します。」
⑲ 取り次ぐ人の代理で出る
「お電話代わりました。○○の代理の△△と申します。」
⑳ 内容を確認して他の担当に取り次ぐ
「その件でしたら，営業部の○○におつなぎします。少々お待ち

くださいませ。」
㉑ 声が小さいとき
「恐れ入りますが,お電話が少し遠いようでございます。」
「恐れ入りますが,もう一度おっしゃっていただけますでしょうか。」

(2) 電話をかける際の話し方

① 初めての人に電話をかけるとき
「私,○○と申します。初めてお電話をさせていただきます。よろしくお願い申し上げます。」
② 名指し人が電話に出たとき
「○○様,□□株式会社の△△でございます。先日は,わざわざお越しいただきましたのに,留守をしており大変申し分けございませんでした。」
③ 頼まれたことの報告
「先般ご依頼がありました件で,ご報告させていただきたいのですが,よろしいでしょうか?」
④ 名指し人が通話中だが待ちたい
「ではお電話が終わるまで待たせていただきます。」
⑤ 携帯電話へ折り返しの電話を依頼する
「席をはずしていることもありますので,携帯電話にお願いできますか?」
⑥ 他に担当者はいないか聞いてみる
「見積もりの件で,他にご担当の方はいらっしゃいませんか?」
⑦ かけ直す場合
「それでは○時に,またお電話をいたします。」
⑧ 折り返し電話をもらう場合

「お戻りになりましたら，ご連絡をくださるようにお伝えいただけますでしょうか。」
⑨ 伝言を依頼
「お言付けをお願いできますでしょうか。」
「ご伝言をお願いしてもよろしいでしょうか。」
⑩ 用件を伝える
「○○の件でお尋ねしたいことがありお電話いたしました。」
⑪ アポイントをとる場合
「○○の件で，お目にかかりたいのですが，お時間をいただくことはできませんでしょうか。」
⑫ スケジュールが合わない場合
「誠に申し訳ございません。その日は先約が入っておりますので，他の曜日ではいかがでしょうか。」
⑬ 名指し人にお詫びの場合
「すぐにご挨拶に伺いたいと存じますが，まずはお詫びのお電話をさせていただきました。」

(3) 名指し人不在時，行先，スケジュールを聞かれたとき

| 電話をかける立場 | 電話を受ける立場 |

A（不在の場合）
① 挨拶，自分を名乗る → 挨拶，相手の会社名・氏名の確認
② 名指し人を呼び出し → 名指し人は不在で，用件を聞く
③ 用件を伝言依頼 → 伝言を復唱する
④ 伝言受者の名前確認 → 相手の会社名・氏名，電話番号を確認
⑤ 終わりの挨拶 → 終わりの挨拶

B（離席の場合）
① 挨拶，自分を名乗る → 挨拶，相手の会社名・氏名の確認
② 名指し人を呼び出し → 名指し人は離席中少し待ってもらう
　　　　　　　　　　　　　すぐ戻りそうもないときは，用件を
　　　　　　　　　　　　　聞くか，こちらからかけ直す
　　　　　　　　　　　　　相手の会社名・氏名・電話番号を確
　　　　　　　　　　　　　認する
③ 終わりの挨拶　　　 → 終わりの挨拶

(4) 電 話 応 対

準　備	・メモ用紙と筆記具の準備・用件と内容の順序をメモ
	・相手の電話番号の確認・必要な資料や書類の準備
電話の かけ方	・受話器を取り発信音を確かめる
	・相手の会社名を確認ののち自社名を名乗る
	・名指し人に取り次ぎを依頼
	・用件を簡潔明瞭に話す（結論から先）
	・内容を復唱する（してもらう）
	・最後のお礼や挨拶をする
	・用件が終わったら，相手が受話器を置くのを確認後，置く（かけた方が後から受話器を置く）
	・語尾をはっきりと，早口でまくしたてない
	・電話が途中で切れたら，かけた方からかけ直す
	・昼休みや時間外など時間帯に配慮する（緊急以外）
伝言を 依頼	・用件を簡潔に伝える
	・自社名，名前，電話番号を伝える
	・相手の名前を確認する
電話の 受け方	・メモ用紙と筆記具の準備
	・ベルが鳴ったらすぐに出る

電話の受け方	・（直通の場合）部課名を名乗る
	・（代表の場合）自社名を名乗る
	・伝言を頼まれたら要点を復唱し漏れがないか確認
	・最後に挨拶をする
	・相手が切れたのを確かめてから，電話を切る
取り次ぎ方	・名指し人を復唱する（上司であっても敬称はつけない）
	・代わる旨を伝える
	・待たせないように迅速に取り次ぐ
	・保留ボタンを押し，会話が相手に聞こえないようにする
	・時間がかかるときは，途中で待たせる理由を述べ，お待ちいただく
	・さらに時間がかかる場合は，一度切ってこちらからかけ直す
	・不在のときは，理由を述べ帰社予定の時間を知らせる
	・名指し人が不在のときは，代わりの者でよいか尋ねる
	・名指し人が不在のときは，伝言があるかどうか確かめる
	・電話連絡メモに5W3Hの要領で整理して，名指し人の机上におく（連絡メモはわかるようにしておく）
	・名指し人が席に戻ったら，伝言を報告する
	・相手が切れたのを確かめてから，電話を切る

3．ビジネスの冠婚葬祭

　日本の慣習は，今日では随分と簡略化されています。ビジネス社会において，慶弔の儀礼を守ることにより，人間関係を円滑によりよい状態に保つことができます。これらの常識を身につける必要があります。

　会社を代表して参列する場合もあるので，冠婚葬祭の常識を身に付けることは会社のイメージを上げることにもつながります。

(1) 慶事のマナー

　お祝い事は前から分かっていることです。御祝金は，新しい門出

を祝うためにも，新札を入れ，結びきりにします。結婚式で「平服でお越しください」とあり，普段着で出席して恥をかくこともあります。また，会社や上司の関係で慶事の手伝いを依頼される場合もあります。

① 慶　事

・誕生祝　・七五三の祝　・入学祝　・成人祝　・就職祝　・結婚祝　・昇進祝　・栄転祝　・就任披露　・叙勲，褒章などの祝賀祝　・竣工落成祝　・新事務所開設　・受賞祝　・退職祝

② 長寿祝

・還暦（60歳）　・古稀（70歳）　・喜寿（77歳）　・傘寿（80歳）　・米寿（88歳）　・卒寿（90歳）　・白寿（99歳）

③ 結婚記念日

・1年 紙婚式　・2年 藁婚式　・5年 木婚式　・10年 錫婚式　・12年 草婚式　・15年 銅婚式　・20年 陶器婚式　・25年 銀婚式　・30年 象牙婚式　・35年 珊瑚婚式　・50年 金婚式　・60年 金剛石婚式

④ 表書き

普　通　⇒　御祝，御祝儀，祝，　　新　年　⇒　御年賀，御年始
中　元　⇒　御中元　　　　　　　歳　暮　⇒　御歳暮
お　礼　⇒　御礼，薄謝，寸志（目上には使わない）
結婚祝　⇒　御祝，寿，御結婚祝　　慶事のお返し⇒　寿，内祝
一般的　⇒　進呈，松の葉，粗品，上
その他　⇒　御見舞，御餞別
陣中見舞　⇒　陣中御見舞，祈御当選
その他の慶事　⇒　御祝儀，御慶，御肴料

⑤ 包み方・水引の扱い方

慶　事　⇒　左から折り，その上に右から折る。
水　引　⇒　紅白，金銀の水引「結びきり」「あわび結び」。
のし袋　⇒　のし袋の裏は上から折，下からおおうようにする。

⑥ 結婚式の招待状

出欠にかかわらずお祝いの言葉を添えて，すぐに返事を出します。披露宴の席順や引き出物の準備があるので，返信は早すぎて困ることはありません。欠席する場合はその理由を簡単に書きます。しかし不幸で欠席する時は，他の理由を書いた方が無難です。

返信はがき　⇒　差出人の「行」を二重線で消し，「様」と書き直す。
住所・氏名　⇒　「御住所」「御芳名」を「御」「御芳」を二重線で消す。
出　　欠　⇒　選択し，どちらか一方と「御」を二重線で消す。
祝電の種類　⇒　フラワー・刺繍・押し花・メロディ電報。
結婚祝品　⇒　親しい仲であれば欲しい品を聞くか，お金の方が喜ばれる場合がある。はさみ，包丁などは「きれる」の意があるので送らない方が無難。
服　　装　⇒　（男性）ブラックスーツが基本。紺，グレーも略礼装。
　　　　　　　（女性）和服→未婚者は振袖，既婚者は留袖
　　　　　　　洋装→白色は避ける。カクテルドレス，アフタヌーンドレス等。
スピーチ禁句　⇒　重ね重ね，度々，戻る，切る，壊れる，離れる。

⑦ 祝電文例

・御結婚おめでとうございます。新しい門出にあたり，ご多幸とご

発展を心よりお祈り申し上げます。

(2) 弔事のマナー

　訃報は予測なしにやってきます。新聞の訃報の欄や取引先から直接連絡があるかも知れません。慌てないように，弔事のマナーをある程度は把握しておく必要があります。仕事上の付き合いによって異なりますが，親しい間柄でなければ，通夜か告別式のどちらかに参列すれば，失礼にあたりません。

| ① 訃報を受けた場合 |

　事実確認　⇒　通夜，葬儀，告別式の日時と場所，喪主，宗派
　社内連絡　⇒　関係部署に連絡，弔電の手配，香典の用意（対外慶弔規定），花輪，生花などの供物の手配

| ② 告別式 |

　葬　儀　⇒　遺族，近親者，親しい知人が僧侶と供に，故人の冥福を祈る儀式。
　告別式　⇒　一般の知人と最後の別れをする儀式（葬儀と告別式は本来，別だが現代は一緒に行われることが多い）。

| ③ 弔問時の服装 |

　通　夜　⇒　平服でもよい（派手な色調は避ける）。
　葬　儀　⇒　（男性）黒のスーツ。黒ネクタイ
　　　　　　　（女性）黒のスーツかワンピース。バック，靴，ストッキング黒
　　　　　　　アクセサリーは真珠のネックレス，イヤリングに留める。

| ④ お悔やみ | ⇒　神　　式　　→　御神前，御玉串料，御榊料
　　　　　　　　仏　　式　　→　御香典，御香料

　　　　　　　キリスト教　→　御花料，御ミサ料
　　　　　　　宗派共通　　→　御霊前
　仏式の法要　⇒　御仏前（没後49日経過すると仏様），御供物
　僧　　　侶　⇒　御布施，志
　弔事のお返し　⇒　志，忌明

⑤ 包み方・水引

　弔　事　⇒　右から折り，その上に左から折る。
　水　引　⇒　黒白，黒銀，黄白（関西）の水引「結びきり・あわ
　　　　　　　び結び」
　のし袋　⇒　のし袋の裏は下から折，上からおおうようにする。

⑥ 弔事の席でのふるまい

　仏　　式　⇒　焼香は霊前で拝礼後，右手で香をつまむ→目の位
　　　　　　　　置まで→香炉にくべる（一回か三回どちらでもよい）。
　　　　　　　　→合掌
　神　　式　⇒　玉串根元を右手，左手で葉を支え→一礼→根元を
　　　　　　　　手前→左手を根元，右手で葉を支え→180°回転，
　　　　　　　　葉先を右，根元を先→玉串を90°回転させ，右手
　　　　　　　　の下に左手を添え供える（葉先を右回り）→二拝，
　　　　　　　　二拍，一拝（しのび手）
　キリスト教　⇒　献花は左手で茎，右手で花を支え→　花を胸元に
　　　　　　　　捧げ祭壇で拝礼→　花が手前，茎が祭壇→　黙祷

⑦ 弔電文例

・ご生前のご厚情に深く感謝するとともに，故人のご功績を偲び，
　心よりご冥福をお祈りいたします。
・会長様のご訃報に際し，弊社社員一同，謹んで哀悼の意を表し，
　ご冥福をお祈り申し上げます。ご遺族の皆様ならびに貴社社員一

同様に心よりお悔やみ申し上げます。

⑧ 主な敬称

父 ⇒ ご尊父様，父上様　　母 ⇒ ご母堂様，母上様
夫 ⇒ ご主人様　　　　　　妻 ⇒ ご令室様
息子⇒ ご子息様，ご令息様　娘 ⇒ ご息女様，ご令嬢様

おわりに

　本書は，これから社会人になる方，また社会人になりたての方に向け，ビジネスパーソンとして仕事をしていく上での基本を述べさせていただきました。さらにこれらの基本をベースに，TBL (Team Based Learning)：チーム基盤型学習を取り入れてまいりました。TBLは受動的な講義形式ではなく，学生の自らの思考を促し，自己の内省を高め表現できることを目指しています。このTBLは，先行研究をされている大橋健治先生の元「九州TBL研究会」を立ち上げ，メンバー全員が先生の講義を1年間，毎週見学させていただきTBLを研究してきました。

　学生の内省を高めることで，自信に繋がり思ってもみない力を発揮することができます。ビジネスパーソンの基本をしっかりと踏まえ，基礎ができれば応用に移ることができます。応用を実施する上で選択肢は沢山あります。後は自分で考えどのようにしたら良いかを選択していくのです。

　私事ですが，現在95歳になる母は，87歳で英語検定試験に合格し，年齢に関係なくチャレンジする姿勢を見せてくれました。皆さんは，今までの人生より，これからの人生の方が長く，厳しい現実も待っているかも知れませんが，精一杯自分の力を発揮してください。

　最後に学文社の田中千津子社長，スタッフの皆様や増田卓司先生八尋健二氏，白川信次氏のご尽力を賜り，本書を完成することが出来ました。心より御礼申しあげます。

　2016年3月1日

白川美知子

索 引

あ行

IR　10
アイコンタクト　22
アポイントメント　34
安全の欲求　15
意思決定　10
委任状　41, 46
Ｅメール（CC, BCC）　59
SNS　134
OJT　39
お辞儀　99
表書き　151

か行

回答文書　51
各種委員会　40
カジュアルデー　101
株式総会　39
企画書　51
議決　41
危険ドラッグ　29
議事録　51
議題　41
業務遂行能力　5
クッション言葉　81
クラス討議　138
クレーム　86
慶事　150
敬称　57
携帯電話　131

結語　57
権限移譲　9
謙譲語　80
交流分析　22
５Ｗ３Ｈ　30
コミュニケーションスキル　76

さ行

採択　41
事業部制組織　10
時候の挨拶　67
自己実現の欲求　17
指示の受け方　29
自尊の欲求　16
諮問　41
社会人基礎力　137
社会的欲求　16
社外文書　52
社内文書　51, 52
就職試験　119
出張業務　37
照会書　51
紹介の仕方　118
状況対応能力　6
召集　41
商取引文書　51
常務会　40
職場会議　40
シンポジウム　42
心理的ストローク　22
スケジュール　34

159

ストローク　22
成果主義　13
生理的欲求　14
席順　112
セクシュアル・ハラスメント　26
接遇用語　85
接待　108
尊敬語　80

た行

対人コミュニケーション　73
対人能力　6
ダイバーシティ　7
タッチ・ストローク　22
チーム基盤型学習　1
チーム討議　137
チームワーク力　12
中間報告　33
弔辞　153
長寿祝　151
直系組織　10
通知状　51
提案　41
提案書　51
TQC　93
定足数　41
丁寧語　80
TBL（Team Based Learning）　1
手紙の慣用語　58
テレワーク　7
電話の受け方　126
電話のかけ方　130
電話の取次ぎ　128
動議　41
頭語　57

答申　41
取締役会　39

は行

バズ・セッション　41
パネル・ディスカッション　42
パワー・ハラスメント　28
ビジネスパーソン　19
PDF　64
ピラミッド型組織　9
フォーラム　42
部課長会議　40
フラットな組織　9
フリートーキング　41
プレゼンテーション　88
フレックス・タイム制　7
ブレーン・ストーミング　41
プロジェクトチーム　12
報告の仕方　32
報告・連絡・相談（ホウレンソウ）　29
ポジティブ・アクション　8

ま行

マズロー　13
　——の欲求5段階説　13
マトリックス組織　11
マネジメントサイクル（PDCAサイクル）　21
見送り　114
水引　152
身だしなみ　101
名刺の受け取り方　106
メーリングリスト　64
メンバー　12

や行

郵便の種類　67

ら行

稟議書　51

ルーブリック評価　139

わ行

ワーク・ライフ・バランス　7

著者紹介

白川美知子（しらかわ・みちこ）
　　久留米大学比較文化研究科後期博士課程単位取得満期退学
　　九州共立大学経済学部経済・経営学科准教授,
　　福岡女子短期大学ビジネス学科特任教授を経て2014年退職
現在　福岡女子短期大学,東筑紫短期大学非常勤講師

主著書
『秘書を志す人たちに』（共著）学文社,1998年
『秘書概説』（共著）学文社,1998年
『ビジネス実務の基礎』（共著）学文社,2013年
『現代企業と経営』（共著）創成社,1995年
『現代の経営とビジネス実務』（共著）創成社,2000年
『講座シリーズ／経営教育第3巻 経営教育論』（共著）中央経済社,2009年

社会人になる前に知っておきたいビジネスパーソンの常識とマナー

2016年4月15日　第1版第1刷発行

著者　　白川美知子

発行者　田中千津子　　〒153-0064　東京都目黒区下目黒3-6-1
　　　　　　　　　　　電話　03（3715）1501 ㈹
発行所　株式会社 学文社　FAX　03（3715）2012
　　　　　　　　　　　http://www.gakubunsha.com

Ⓒ 2016 SIRAKAWA Michiko　Printed in Japan
乱丁・落丁の場合は本社でお取替えします。
定価は売上カード，カバーに表示。

ISBN 978-4-7620-2628-7